Deutschland
Germany
Allemagne

Mit einem Text von Kurt Tucholsky und
Lichtbildern von Fotografen der Bildagentur Huber

Ellert & Richter Verlag

Kurt Tucholsky, „Heimat“, aus: Kurt Tucholsky, Gesammelte Werke, Copyright © 1960 by Rowohlt Verlag GmbH, Reinbek
Übertragung ins Englische/English Translation/Traduction anglaise: Anne Halley, University of Massachusetts Press, 1972
Übertragung ins Französische/French Translation/Traduction française: Günther & Irène Mombächer, Hamburg

Übersetzung/Translation/Traduction:
Englisch/English/Anglaise: Paul Bewicke, Hamburg
Französisch/French/Française: Michèle Schönfeldt, Hamburg

Gestaltung/Design/Maquette: BrücknerAping, Büro für Gestaltung, Bremen
Karte/Map/Carte Géographique: THAMM Publishing & Service, Bosau
Lithografie/Lithography/Photogravure: SMS Scheer Medien Service GmbH, Bremen
Gesamtherstellung/Production/Production: Neografia, Slowakei

www.ellert-richter.de
www.facebook.com/EllertRichterVerlag

Bildnachweis/Photo credits/Crédit photographique: alle Fotos von Bildagentur Huber, Garmisch-Partenkirchen, www.huber-images.de

Titelfoto/Cover/Photo de couverture: Schloss Neuschwanstein im Allgäu/Neuschwanstein Castle, Allgäu/Château de Neuschwanstein

Bibliografische Information der Deutschen Nationalbibliothek
Die Deutsche Nationalbibliothek verzeichnet diese Publikation in der Deutschen Nationalbibliografie; detaillierte bibliografische Daten sind im Internet über http://dnb.d-nb.de abrufbar.

3. Auflage 2018
978-3-8319-0477-8

Nun wollen wir auch einmal Ja sagen. Ja –: zu der Landschaft und zu dem Land Deutschland. Dem Land, in dem wir geboren sind und dessen Sprache wir sprechen.
Der Staat schere sich fort, wenn wir unsere *Heimat* lieben. Warum gerade sie – warum nicht eins von den andern Ländern –? Es gibt so schöne.
Ja, aber unser Herz spricht dort nicht. Und wenn es spricht, dann in einer anderen Sprache – wir sagen „Sie" zum Boden; wir bewundern ihn, wir schätzen ihn – aber es ist nicht das.
Es besteht kein Grund, vor jedem Fleck Deutschlands in die Knie zu sinken und zu lügen: wie schön! Aber es ist da etwas allen Gegenden Gemeinsames – und für jeden von uns ist es anders. Dem einen geht das Herz auf in den Bergen, wo Feld und Wiese in die kleinen Straßen sehen, am Rand der Gebirgsseen, wo es nach Wasser und Holz und Felsen riecht und wo man einsam sein kann; wenn da einer seine Heimat hat, dann hört er dort ihr Herz klopfen. Das ist in schlechten Büchern, in noch dümmeren Versen und Filmen schon so verfälscht, daß man sich beinah schämt, zu sagen: man liebe seine Heimat. Wer aber weiß, was die Musik der Berge ist, wer die tönen hören kann, wer den Rhythmus einer Landschaft spürt ... nein, wer gar nichts andres spürt, als daß er zu Hause ist; daß das da sein Land ist, sein Berg, sein See – auch wenn er nicht einen Fuß des Bodens besitzt ... es gibt ein Gefühl jenseits aller Politik, und aus diesem Gefühl heraus lieben wir dieses Land.
Wir lieben es, weil die Luft so durch die Gassen fließt und nicht anders, der uns gewohnten Lichtwirkung wegen – aus tausend Gründen, die man nicht aufzählen kann, die uns nicht einmal bewußt sind und die doch tief im Blut sitzen.
Wir lieben es, trotz der schrecklichen Fehler in der verlogenen und anachronistischen Architektur, um die man einen weiten Bogen schlagen muß; wir versuchen, an solchen Monstrositäten vorbeizusehen; wir lieben das Land, obgleich in den Wäldern und auf den öffentlichen Plätzen manch Konditortortenbild eines Ferschten dräut – laß ihn dräuen, denken wir und wandern fort über die Wege der Heide, die schön ist, trotz alledem.
Manchmal ist diese Schönheit aristokratisch und nicht minder deutsch; ich vergesse nicht, daß um so ein Schloß hundert Bauern im Notstand gelebt haben, damit dieses hier gebaut werden konnte – aber es ist dennoch, dennoch schön.
Dies soll hier kein Album werden, das man auf den Geburtstagstisch legt; es gibt so viele. Auch sind sie stets unvoll-

Kurt Tucholsky: Heimat

ständig – es gibt immer noch einen Fleck Deutschland, immer noch eine Ecke, noch eine Landschaft, die der Photograph nicht mitgenommen hat ... außerdem hat jeder sein Privat-Deutschland. Meines liegt im Norden. Es fängt in Mitteldeutschland an, wo die Luft so klar über den Dächern steht, und je weiter nordwärts man kommt, desto lauter schlägt das Herz, bis man die See wittert. Die See – Wie schon Kilometer vorher jeder Pfahl, jedes Strohdach plötzlich eine tiefere Bedeutung haben ... wir stehen nur hier, sagen sie, weil gleich hinter uns das Meer liegt – für das Meer sind wir da. Windumweht steht der Busch, feiner Sand knirscht dir zwischen den Zähnen ...

Die See. Unvergeßlich die Kindheitseindrücke; unverwischbar jede Stunde, die du dort verbracht hast – und jedes Jahr wieder die Freude und das „Guten Tag!" und wenn das Mittelländische Meer noch so blau ist ... die deutsche See. Und der Buchenwald; und das Moos, auf dem es sich weich geht, daß der Schritt nicht zu hören ist; und der kleine Weiher, mitten im Wald, auf dem die Mücken tanzen – man kann die Bäume anfassen, und wenn der Wind in ihnen saust, verstehen wir seine Sprache. Aus Scherz hat dieses Buch den Titel „Deutschland über alles" [Titel der Originalausgabe] bekommen, jenen törichten Vers eines großmäuligen Gedichts. Nein, Deutschland steht nicht über allem und ist nicht über allem – niemals. Aber *mit* allen soll es sein, unser Land. Und hier steht das Bekenntnis, in das dieses Buch münden soll:

Ja, wir lieben dieses Land.

Und nun will ich euch mal etwas sagen: Es ist ja nicht wahr, daß jene, die sich „national" nennen und nichts sind als bürgerlich-militaristisch, dieses Land und seine Sprache für sich gepachtet haben. Weder der Regierungsvertreter im Gehrock, noch der Oberstudienrat, noch die Herren und Damen des Stahlhelms allein sind Deutschland. Wir sind auch noch da.

Sie reißen den Mund auf und rufen: „Im Namen Deutschlands ...!" Sie rufen: „Wir lieben dieses Land, nur wir lieben es." Es ist nicht wahr.

Im Patriotismus lassen wir uns von jedem übertreffen – wir fühlen international. In der Heimatliebe von niemandem – nicht einmal von jenen, auf deren Namen das Land grundbuchlich eingetragen ist. Unser ist es ...

Und in allen Gegensätzen steht – unerschütterlich, ohne Fahne, ohne Leierkasten, ohne Sentimentalität und ohne gezücktes Schwert – die stille Liebe zu unserer Heimat.

Now at last we want to say Yes. Yes to the landscape and to the land, Germany.
The land in which we were born and whose language we speak.
Let the state get out of the way – we love home. Why? Why this land when there are so many others? There are such beautiful countries.
Yes, but our heart doesn't speak in the other countries. Or if it does, it speaks a foreign language. We're unfamiliar with the soil: we admire and appreciate but it is not the same. There is no earthly reason to kneel down in front of every spot in Germany and to lie, "How beautiful!" But there is something common to all the regions – and it's different for each one of us. One person may be most intimately moved in the mountains, where field and meadow peer into the little streets. Or at the edge of mountain lakes where the air is full of the scent of water and wood and rock, and where one can be alone. If that's where one is at home, it will make one's heart pound faster. All this feeling has been cheapened in bad books, stupid verses and films, so that one is almost afraid to say, I love my homeland. But if you can hear the music of the mountains and feel the rhythm of a landscape – No, it's enough, really, just to feel that you've come home – that this is your country, your mountain, your lake, even though you do not own a single foot of ground.
This is a feeling separate from all politics, and it is out of this feeling that we love this land.
We love it because the air flows through its little alleys, this way, and no other; because of the quality of the light that we recognize, for a thousand reasons that cannot be enumerated – that are not even conscious, but nevertheless deep in the blood.
We love it, in spite of the horrible false notes of anachronistic architecture around which one has to detour. We try to avoid looking at monstrosities like this. We love this land, in spite of the pastry-cook's image of our rulers that threatens us in the woods and in many a public place. Let them threaten, we say, and are on our way over the heath.
Which is lovely, in spite of everything. The loveliness can be aristocratic and no less German; I don't forget that hundreds of peasants lived in poverty so that this might be built – but nevertheless, it is beautiful. Although we have no intention of turning our book into a picture album suitable for someone's birthday – there are so many of those, and they're always incomplete – there's always another spot in Germany, another cor-

Kurt Tucholsky: Home

ner, another landscape that the photographer forgot to take along. And besides, we all have our own private Germany. Mine lies to the north. It begins in central Germany, where the air seems to rise so luminously above the roofs. As you get farther and farther north, your heart beats louder and louder, until you finally sense the sea. The sea – still miles away, every fence post and every thatched roof suddenly takes on a deeper significance. We are here, they say, only because the sea lies just behind us. We're here for the ocean. The vegetation moves in the wind. You feel the fine sand between your teeth.

The sea. Childhood impressions are unforgettable; the hours you spent here can't be erased. Every year you feel the same joy in the first greeting, no matter how blue the Mediterranean. The German sea. And the beechwoods, and the moss that's so soft under your feet, that your step cannot be heard; and in the midst of the woods the little pool on which the midges dance. You can touch the trees and understand what the wind in their branches says. We called this book "Deutschland über alles" as a joke – such a foolish line from a big-mouth poem. No, Germany doesn't count above all and isn't over all – never. But let our land be with, including all. And let the confession with which this book ends stand here:

Yes, we love this land.

And now I want to tell you something: Those who call themselves nationalists and are really only bourgeois-militarists, don't have an exclusive lease on this land and its language. That's not true. Neither the member of the government in his morning coat, nor the professor, not the ladies and gentlemen of the *Stahlhelm*, make up Germany by themselves. We're here too.

They open their mouths wide and yell "In Germany's name ..." They yell, "We love our country and we're the only ones who love it." It isn't true.

We'll let anyone who wants to do so outdo us in patriotism. Our feelings are international. But no one can outdo us in our love of home – not even those who have registered the country in their name. It is ours ...

And in the midst of all its contradictions – without flags, without barrel organs, without sentimentality, and without drawn swords – we assert our firm and quiet love for our homeland.

Il faut que, pour une fois, nous disions OUI. Oui à l'environnement et au pays même qu'est l'Allemagne.

Ce pays où nous sommes nés et dont nous parlons la langue.

Que l'Etat reste à l'écart lorsque nous manifestons notre amour pour la patrie.

Pourquoi celle-là justement, et non pas une autre? Il y en a de si belles!

Oui, mais notre cœur n'y est pas et s'il parle, il parle une autre langue. Et de plus, nous n'en tutoyons pas les sols, nous les admirons et les estimons, mais ils ne seront jamais les nôtres.

Il n'y a aucune raison de tomber à genoux devant chaque site en Allemagne et de s'extasier constamment: Oh, que c'est beau! Mais toutes les régions ont quelque chose de commun. Et pourtant, chacun d'entre nous les voit différemment. Les uns préfèrent les montagnes parées de champs et de prés traversés de petits chemins, avec des lacs au bord desquels on hume des odeurs d'eau, de bois et de pierre qui invitent à la rêverie solitaire. Si la patrie de quelqu'un se trouve à un tel endroit, on peut en entendre battre le cœur. Le sens du mot patrie a été si souvent falsifié dans de mauvais écrits, par des vers niais ou dans des films simplets que l'on se gêne presque d'avouer que l'on aime sa patrie. Celui qui, par contre, connaît la musique de la montagne, l'entend résonner et sent vibrer le paysage … non, celui qui se sent tout simplement chez lui, qui sait que c'est son pays, sa montagne, son lac, même s'il n'en possède pas un centimètre carré … il existe un sentiment qui va au-delà de la politique et c'est à cause de ce sentiment que nous aimons notre pays.

Nous l'aimons à cause de l'air qui souffle à travers les ruelles d'une certaine manière et pas autrement, à cause de la lumière qui nous est familière – à cause de mille autres raisons que nous ne connaissons même pas et qui, pourtant, sont profondément ancrées dans nos cœurs.

Nous l'aimons malgré les erreurs terribles qu'affiche son architecture mensongère et anachronique dont nous tentons d'ignorer les monstruosités. Nous aimons notre pays bien que nous retrouvions dans ses forêts et sur ses places publiques des effigies soufflées et sucrées. Tant pis, pensons-nous et reprenons notre marche à travers la lande, qui, malgré tout, est belle.

Cette beauté est parfois aristocratique sans être moins allemande. Je ne peux oublier qu'une centaine de paysans a vécu misérablement autour d'un tel château pour pouvoir édifier celui-ci. Et

Kurt Tucholsky: La patrie

pourtant, il est beau. Ceci ne doit pas prendre la forme d'un album à déposer sur une table d'anniversaire, il y en a déjà trop. Et de plus, ils sont toujours incomplets car il existe encore toujours un endroit, encore un petit coin, un paysage que le photographe n'a pas mis dans sa caméra .... et chacun a son Allemagne à lui. La mienne est au Nord. A partir de l'Allemagne centrale, là où l'air est transparent au-dessus des toits, et plus on avance vers le nord, plus le cœur bat fort, jusqu'au moment où l'on sent l'air de la mer. Chaque poteau, chaque toit de chaume prennent une importance plus profonde bien des kilomètres avant ... nous ne sommes là que parce que la mer est derrière nous, nous sommes là pour la mer. L'arbuste est malmené par le vent, le sable fin crisse entre les dents. La mer. Inoubliables souvenirs d'enfance. Chaque heure que tu y as passée est ineffaçable – et chaque année, la même joie et le même «Bonjour» – et même si la Méditerrannée est bien plus bleue ... les côtes allemandes de la mer ... Et cette forêt de hêtres ... et la mousse épaisse qui étouffe les pas ... et le petit étang au milieu de la forêt au-dessus duquel dansent les insectes ... on peut toucher les arbres et lorsque le vent les agite, on comprend son langage. Le titre de ce livre «L'Allemagne au-dessus de tout» est une plaisanterie faite selon ce vers stupide issu d'une poésie pleine de vantardise. Non, l'Allemagne n'est pas au-dessus de tout et ne s'impose pas sur tout, jamais. Mais elle doit être un tout, notre pays. Ce livre se veut d'avoir pour sujet la confession suivante: Oui, nous aimons notre pays.

Et maintenant, laissez-moi vous dire quelque chose:

Il n'est pas vrai que ceux qui se disent «nationaux» bien qu'ils soient simplement bourgeois militaristes aient confisqué ce pays et sa langue. Ni le représentant gouvernemental en redingote, ni le recteur de lycée, ni ces messieurs-dames membres d'associations d'Anciens Combattants représentent à eux seuls l'Allemagne. Nous sommes aussi là.

Ils hurlent «Au nom de l'Allemagne ...!»

Ils crient: «Nous aimons ce pays, il n'y a que nous qui l'aimons.» Ce n'est pas vrai. Quand il s'agit de patriotisme nous nous laissons devancer par tout le monde – nous nous sentons internationaux. Mais personne ne peut nous dépasser quand il s'agit de l'amour pour notre patrie, pas même ceux dont les noms figurent au registre de propriétaires. C'est la nôtre ...

Et malgré toutes les contradictions, l'amour silencieux pour notre patrie reste inébranlable, sans drapeau, sans orgues de Barbarie, sans sentimentalisme et sans épée dégainée.

Im letzten Glanz der Abendsonne leuchtet das berühmte Rote Kliff, ein Wahrzeichen der Nordseeinsel Sylt. Immer wieder nagen schwere Sturmfluten am rostroten Moränenschutt. Sandvorspülungen sollen nun Kliff, Dünen und Häuser schützen.

The famous Red Cliff, one of the landmarks of the North Sea island of Sylt, glows in the last rays of the evening sun. Time and again, heavy storm tides eat away at the rust-red glacial debris. Now, fresh sand is to be deposited along the shoreline to protect cliff, dunes and homes.

Le Rotes Kliff, célèbre falaise rouge de l'île de Sylt, en mer du Nord, et l'un de ses symboles, flamboie dans les dernières lueurs du soleil couchant. De violents raz-de-marée ne cessent d'éroder cette butte morainique de couleur rouille. Des apports de sable devraient contribuer à protéger falaise, dunes et maisons.

Aus 41 Metern Höhe sendet der Leuchtturm von Westerhever auf der Halbinsel Eiderstedt, zu Anfang des 20. Jahrhunderts erbaut, seine Signale fast 50 Kilometer weit hinaus auf die Nordsee. Er erhebt sich in einer Landschaft, wie sie für Nordfriesland typisch ist: meterhohe Deiche, von Entwässerungsgräben durchzogene Salzwiesen mit weidenden Schafen. Wenige Kilometer entfernt liegt die endlos weite Sandbank von St. Peter-Ording.

Westerhever lighthouse on the Eiderstedt peninsula, built at the beginning of the 20th century, sends its signals almost as far as 50 kilometers out into the North Sea from a height of 41 meters. It rises from a landscape typical of North Frisia: dikes several meters high, salt meadows traversed by drainage ditches and upon which sheep are grazing, and, a few kilometers distant, the endlessly wide sandbank of St. Peter-Ording.

Haut de 41 mètres, le phare de Westerhever construit au début du XXe siècle sur la presqu'île de Eiderstedt transmet ses signaux vers la Mer du Nord sur une distance de presque 50 kilomètres. Il se découpe sur un paysage très typique du Nord de la Frise avec ses hautes dunes, ses prés salants où paissent des moutons et coupés de fossés. Un peu plus loin s'étire la longue plage sablonneuse de St. Peter-Ording.

Lübeck ist nicht nur eine der schönsten, sondern auch eine der ältesten deutschen Städte. Vor der Neugründung durch Heinrich den Löwen im Jahr 1160 bestand hier schon eine Kaufmannssiedlung. Der Weg in die Altstadt mit ihren hervorragenden Zeugnissen norddeutscher Backsteingotik führt durch das Holstentor, 1477/78 vollendet und noch heute Wahrzeichen der Stadt; links die zweitürmige Marienkirche aus dem 13./14. Jahrhundert, rechts der Turm der Petrikirche.

Not only is Lübeck one of the most beautiful cities of Germany; it is also one of the oldest. Before Henry the Lion refounded the city in 1160, a merchants' settlement had already existed here. On the way into the old town, with its extraordinary examples of north German redbrick Gothic, one passes the Holsten Gate, completed in 1477/78 and still the hallmark of the city: on the left hand the twin spires of the Marienkirche, built in the 13th–14th centuries, on the right the tower of the Petrikirche.

Lubeck n'est pas seulement l'une des plus belles, mais également l'une des plus anciennes villes de l'Allemagne. Une colonie de marchands est déjà établie avant qu'Henri le Lion rebâtisse la ville en 1160. Le chemin qui mène vers la vieille ville aux merveilleuses façades de briques néo-gothiques passe à côté de la Porte de Holstein terminée en 1477/78 qui symbolise la ville. A gauche, l'Eglise de Ste-Marie construite aux XIIIe et XIVe siècles, à droite l'Eglise de St-Petri.

CONCORDIA DOMI FORIS PAX

Eine kühle Schönheit spiegelt sich im Wasser: Auf einer Insel in einem aufgestauten Teich thronend, besitzt Schloss Glücksburg eine unvergleichliche Lage. Nur von Wasser und Wald umgeben, präsentiert sich der Renaissance-Palast von 1587 der modernen Zivilisation entrückt. Das an der Flensburger Förde gelegene Schloss gehört zu den bekanntesten Sehenswürdigkeiten Schleswig-Holsteins. Es beherbergt heute ein Museum und ist für Besucher zugänglich.

A cool beauty reflected in the water. Schloss Glücksburg is situated in an incomparable location, standing in splendid isolation on an island in a dammed-up lake. Surrounded only by water and woods, this 1587 Renaissance palace seems to have turned its back on modern civilization. Situated on the shore of the Flensburg Fjord, the palace is one of the best-known sights of Schleswig-Holstein. It now houses a museum and is open to visitors.

Une beauté à l'air distant se reflète dans l'eau: trônant sur une île dans un petit lac formé d'eau de retenue, le château de Glücksbourg est un site incomparable. Entouré seulement d'eau et de forêts, ce palais de la Renaissance datant de 1587 semble retranché de toute civilisation moderne. Le château de Glücksbourg fait partie des curiosités les plus connues du Schleswig-Holstein et est aujourd'hui un musée ouvert au public.

Hamburgs Herz ist aus Wasser. Die Binnenalster, wie die Außenalster ein seit Jahrhunderten künstlich gestauter See, liegt mitten in der Stadt, umrahmt von traditionsreichen Geschäftshäusern und vornehmen Hotels. Alles atmet hier den zurückhaltenden Charme der alten Handels- und Hansestadt; von links nach rechts die Türme der Kirchen St. Petri und St. Nikolai, des Hamburger Rathauses und der St.-Michaelis-Kirche, davor der weltberühmte Jungfernstieg.

Hamburg's heart is the water. The Inner Alster, like the Outer Alster a centuries-old artificial lake, lies in the centre of the city, surrounded by traditional merchants' town houses and exclusive hotels. Here, everything exudes the discreet charm of the old commercial and Hanseatic city. From left to right are the spires of St Peter, St Nikolai, Hamburg's City Hall and St Michael's Church – the world-famous Jungfernstieg in front of it.

Le cœur de Hambourg est fait d'eau. Ce lac artificiel, endigué depuis des siècles, comprend l'Alster intérieur et l'Alster extérieur sur les bords desquels se dressent des maisons de commerce au passé fécond et d'élégants hôtels. Tout reflète ici le charme discret de l'ancienne métropole hanséatique. De gauche à droite les clochers des églises St-Petri et St-Nikolai, de l'hôtel de ville et de St- Michaelis. Sur le devant de l'image, le Jungfernstieg, avenue mondialement connue.

BLOHM+VOSS DOCK ELBE 17
GROSSE HAFEN-RUNDFAHRT
KASSE

Kein Hamburg-Besuch ohne Hafenrundfahrt. Von den Landungsbrücken (Bildmitte) starten die kleinen Barkassen und bringen Besucher aus aller Welt in die vielen Hafenbecken. Links neben dem Uhrenturm liegt ein Containerschiff im Trockendock, rechts läuft der Transatlantikliner Queen Mary 2, der mit 345,5 Metern Länge, bis zu 3090 Passagieren und 1253 Personen Besatzung zu den größten Passagierschiffen der Welt gehört, in den Hafen ein.

No visit to Hamburg is complete without a tour of the port. Small launches set out from the Landungsbrücken jetties (middle), taking visitors from all over the world for a close-up view of the many individual dock basins. On the left, next to the clock tower, a container ship lies in the dry dock as the transatlantic liner Queen Mary 2 enters the port on the right. With a length overall of 345.5 metres and up to 3,090 passengers and a crew of 1,253, it's one of the world's largest passenger vessels.

Pas de visite de Hambourg sans circuit du port. Ces petites barcasses partent des Landungsbrücken (débarcadère, au centre de l'image) et conduisent les visiteurs venus du monde entier dans le voisinage immédiat des nombreux bassins portuaires. A gauche, à côté de la Tour d'Horloge, un porte-conteneurs est amarré dans le bassin de radoub tandis que, à droite, le transatlantique Queen Mary II entre dans le port. Avec ses 345,5 mètres de long, il peut accueillir jusqu'à 3090 passagers et 1253 membres d'équipage, comptant ainsi parmi les plus grands paquebots au monde.

Der Museumshafen in der Hamburger HafenCity öffnet sich beim Flanieren zwischen den modernen Architekturen des neuen Wohn-, Büro- und Ausgehviertels fast zufällig als schöne Reminiszenz an vergangene Zeiten. Am Sandtorkai (rechts) zogen 2009 die ersten Mieter ein. Die benachbarte Elbphilharmonie und die nahe, seit 1991 unter Denkmalschutz stehende und zum UNESCO-Welterbe gehörende Speicherstadt machen dieses erste Quartier des neuen Stadtteils attraktiv für Touristen.

The Museumshafen in Hamburg's HafenCity opens up almost by chance as a beautiful reminder of bygone days as you stroll amidst the modern architecture of the new residential, office and nightlife district. The first tenants moved into Sandtorkai (right) in 2009. The neighbouring Elbphilharmonie and the nearby Warehouse City, a UNESCO world heritage site, which was placed under a conservation order in 1991, make this first residential area of the new district attractive for tourists.

Le port-musée de la «HafenCity» de Hambourg apparaît comme par surprise lorsque l'on flâne entre les immeubles modernes de ce nouveau quartier d'habitation, de bureaux et de distraction, magnifique vestige de temps révolus. En 2009, les premiers locataires ont emménagé au Sandtorkai (à droite). La Philharmonie de l'Elbe voisine et le Quartier des Entrepôts toute proche, au patrimoine mondial de l' UNESCO, site protégé depuis 1991, rendent cette première partie du nouveau quartier de la cité particulièrement attrayant pour les touristes du monde entier.

50 HAPPY BIRTH DAY 50
HEIKE
GRLETSIEL

Wasserfront mit Krabbenkuttern und malerischen Giebelhäusern aus dem 17. Jahrhundert am Fischereihafen von Greetsiel. An der ostfriesischen Küste gibt es eine ganze Reihe von Orten am Deich, die das Wort „Siel“ am Ende ihres Namens tragen. Dieses bedeutet nichts anderes, als dass hier das überflüssige Wasser, das sich im tief gelegenen Hinterland gesammelt hat, durch ein Siel in die Nordsee entlassen wird.

The waterfront area with shrimp boats and picturesque seventeenth-century gabled houses in the fishing port of Greetsiel. A string of small towns and villages by the dyke along the East Frisian coast have names ending in “Siel,” indicating that they are places where surplus water that has accumulated in the lower-lying hinterland is drained into the North Sea through a Siel, or sluice.

Front de mer avec les crevettiers et les pignons pittoresques de maisons datant du 17e siècle dans le port de pêche de Greetsiel. Nombre de petites localités situées en bordure de la digue tout au long des côtes de la Frise-orientale portent un nom se terminant par «Siel». Ceci signifie tout simplement que le surcroît d'eau accumulé à l'arrière et en contrebas de la digue est redéversé dans la mer du Nord par une «vanne», le «Siel».

Kein Schloss, sondern Zentrum der Verwaltung und Sitz des hannoverschen Stadtrats: Hannovers Neues Rathaus am Maschpark wurde 1913 von Kaiser Wilhelm II. persönlich eröffnet. „Alles bar bezahlt, Majestät“, verkündete damals ein selbstbewusstes Bürgertum. Von der Kuppel des Gebäudes, die per Aufzug zu erreichen ist, hat man einen herrlichen Blick über die Stadt.

Not a palace, but the municipal headquarters and seat of the Hanover city council. Hanover's Neues Rathaus on Maschpark was inaugurated in 1913 by none less than Kaiser Wilhelm II. “All paid for, your Majesty”, the self-confident citizenry of the day were able to assure him. From the dome, which can be reached by lift, there is a splendid view of the city.

Il ne s'agit pas là d'un château, mais du centre de l'administration et du siège du Conseil municipal de Hanovre. Le Nouvel Hôtel de Ville bordant le Maschpark, fut inauguré en 1913 par l'empereur Guillaume II en personne. «Tout a été payé comptant, Majesté», proclamèrent alors les membres d'une bourgeoisie consciente de sa valeur. De sa coupole, accessible par un ascenseur, se dégage une superbe vue sur l'ensemble de la ville.

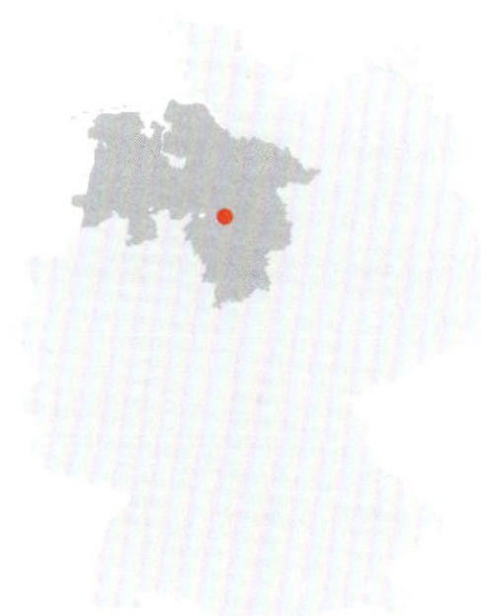

WILHELM
DER GROSSE
FRIEDRICH I
BARBAROSSA

Es lohnt sich, mit Zeit und Muße durch die engen Straßen und Gassen der einstigen Kaiserstadt Goslar zu schlendern. Immer wieder wird man steinernen Zeugen aus mittelalterlicher Zeit begegnen. Besonders beeindruckend ist die Kaiserpfalz, einer der größten Profanbauten des Mittelalters, dessen Grundstein Heinrich III. im 11. Jahrhundert legte. Das Silbererz machte Goslar zur ersten Stadt des Reiches.

It is worth taking the time for a leisurely stroll through the narrow streets and alleys of the former imperial city of Goslar. Time and again you come across buildings that hark back to mediaeval times. Particularly attractive are the richly-ornamented half-timbered buildings which are a distinguishing feature of the townscape. The Kaiserpfalz, or imperial palace, is one of the largest secular buildings of the Middle Ages. Its foundation stone was laid by Henry III in the 11th century. Silver ore made Goslar the first city of the Holy Roman Empire.

Prendre tout son temps pour flâner à travers les rues étroites et les venelles de Goslar, ancienne ville impériale, en vaut la peine. On s'y verra confronté en maints endroits aux témoins pétrifiés de l'époque médiévale. Le Palais impérial, dont Henri III posa la première pierre au XIe siècle, est l'un des plus vastes édifices d'architecture profane médiévale. Les mines d'argent firent de Goslar la première ville de l'Empire.

Die Lüneburger Heide, zwischen Aller und Elbe gelegen, ist eine der eigentümlichsten Landschaften Norddeutschlands. Die meisten der noch weiträumigen Heideflächen liegen im Naturschutzgebiet Lüneburger Heide, das sich rund um den etwa 170 Meter hohen Wilseder Berg erstreckt und das eine herausragende Bedeutung für den Biotop- und Artenschutz hat.

The Lüneburg Heath, extending from the Aller to the Elbe, boasts one of the most distinctive landscapes in North Germany. Most of this still extensive heathland is in the Lüneburg Heath Nature Reserve, which stretches out around the ca 170-metre Wilseder Berg and is a hugely significant biotope and species conservation area.

La lande de Lunebourg, qui déploie ses étendues dans une région délimitée par l'Aller et l'Elbe, est l'une des contrées les plus insolites du nord de l'Allemagne. La majeure partie des vastes landes de bruyère se trouvent dans la réserve naturelle «Lüneburger Heide» qui entoure le «Wilseder Berg» haut de 170 mètres, à laquelle revient également une grande importance pour ce qui est de la protection des espèces et du biotope.

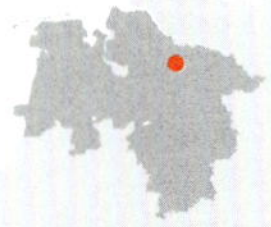

Broccolicreme Suppe
Tomaten Suppe
Zwiebel Suppe

Als ihre gute Stube bezeichnen die Bremer gerne den Marktplatz, mit Fug und Recht. Er ist einer der schönsten Europas, dessen Schmuckstück das historische Rathaus mit seiner Fassade im Stil der Weserrenaissance darstellt. Daneben, auf einer einstigen Düne, erhebt sich der St.-Petri-Dom, rechts davon, auf historischem Gelände der einstigen Börse, die moderne Glasfassade des Bremer Landesparlaments, des Hauses der Bürgerschaft.

The people of Bremen are completely justified in describing the market square as their front parlour. It is one of the most beautiful in Europe, boasting as its main attraction the historic Rathaus with its facade in the style of the Weser Renaissance. Next to it, on what was once a sand dune, is St Peter's Cathedral. To the right of the cathedral, on the historic site of the former stock exchange, is the modern glass facade of the Bremen State Parliament, seat of the House of Burgesses.

C'est à juste titre que les Brémois considèrent leur Place du Marché comme ce qu'ils ont de plus représentatif. Elle est l'une des plus belles d'Europe. L'hôtel de ville, un bâtiment d'époque, dont la façade fut exécutée dans le style de la Renaissance de la Weser, en est le joyau. A côté, sur ce qui fut jadis une dune de sable, se dresse la cathédrale St-Petri. A droite de cette dernière, sur l'emplacement de l'ancienne Bourse, la façade vitrée du bâtiment moderne où siège le parlement régional du Land de Brême, dit «Haus der Bürgerschaft».

Die neue Skyline von Bremerhaven: Das wie ein Bootsrumpf geformte Klimahaus Bremerhaven 8° Ost (Mitte) ist mit rund 11 500 Quadratmetern Ausstellungsfläche die größte Wissens- und Erlebniswelt zum Themenkomplex Klima und Wetter. Links daneben bietet das Atlantic Hotel Sail City einen besonderen Ausblick auf die Weser, und rechts sieht man die Kuppel des Mediterraneo, einer Einkaufs- und Erlebniswelt mit südländischem Flair.

Bremerhaven's new skyline: The Klimahaus Bremerhaven 8° Ost, shaped like a ship's hull (in the middle), is the largest knowledge and adventure centre dealing with climate and weather issues with around 11,500 square metres of exhibition space. To the left the Atlantic Hotel Sail City shows a special view of the River Weser, and to the right is the dome of the Mediterraneo, a shopping and entertainment centre with a Latin flair.

Le nouveau profil de Bremerhaven: la «Klimahaus Bremerhaven 8° Ost» dont la forme rappelle la coque d'un bateau entraîne ses visiteurs dans un inoubliable voyage autour du monde le long du huitième degré de longitude. Recouvrant 11.500 mètres carrés de surface d'exposition, elle représente les thèmes du climat et du temps. A la gauche, l'Atlantic Hotel Sail City offre une remarquable vue sur la Weser. A côté, sur la droite, on voit les coupoles du Mediterraneo, un grand centre commercial et événementiel à l'atmosphère toute méridionale.

Kann man sich einen romantischeren Ort in Deutschland vorstellen als die Kreideküste von Rügen mit ihren bizarren, von Meer und Wetter ausgewaschenen Felsgebilden? Dem Urlauber hat Rügen, mit 926 Quadratkilometern die größte deutsche Insel, noch weit mehr zu bieten als diesen beeindruckenden Anblick: kieferngesäumte Dünenstrände, Badeorte von besonderem Flair, weite Buchenwälder, in sanft gewellte Hügellandschaften eingebettete Binnengewässer.

Are more romantic regions imaginable in Germany than the chalk cliffs of Rügen with their bizarre rock formations sculpted by weather and sea? Rügen, with its 926 square kilometres Germany's largest island, offers vacationers much more than the impressive scenery: dune beaches framed by conifers, bathing spas with a special flair, extensive beech forests, lakes embedded in softly sloping hills.

Peut-on imaginer un endroit plus romantique en Allemagne que les côtes crayeuses de Rügen avec leurs configurations rocheuses bizarres marquées par les vents et marées? L'île de Rügen, la plus grande d'Allemagne avec ses 926 km², offre plus encore aux touristes que cette vue impressionnante: des plages aux dunes plantées de pins, des stations balnéaires à l'atmosphère surannée toute particulière, de vastes forêts de hêtres et des plans d'eau entourés de collines aux pentes douces.

Usedom – hier der Strand bei Ahlbeck – ist die östlichste Ferieninsel der deutschen Ostseeküste. Bis Ende des 19. Jahrhunderts der Ferienbetrieb einsetzte und Ahlbeck, Heringsdorf, Bansin und Zinnowitz zu modischen Badeorten vor allem für die Berliner wurden, war die Insel ein vorpommersches Armenhaus. Auf Pfählen in die Ostsee gebaut, ragt die Seebrücke von Ahlbeck, dem größten Seebad Usedoms, aus dem Wasser.

Usedom – seen here in a view of the beach at Ahlbeck – is the easternmost of the holiday islands along Germany's Baltic Sea coast. Until holidaymakers started coming here in the late 19th century and Ahlbeck, Heringsdorf, Bansin and Zinnowitz became fashionable seaside resorts above all for the residents of Berlin, the island was a poverty-stricken region of Western Pomerania. The pier at Ahlbeck, the largest of Usedom's seaside resorts, is built on piles driven into the Baltic Sea bed.

L'île d'Usedom – dont on voit ici la plage près d'Ahlbeck – est située aux confins est de la côte de la mer Baltique. Elle comptait parmi les régions les plus déshéritées de la Poméranie occidentale jusqu'à ce qu'elle devienne une île de villégiature vers la fin du siècle dernier. Les villages d'Ahlbeck, Heringsdorf, Bansin et Zinnowitz se transformèrent alors en stations balnéaires à la mode, tout particulièrement appréciées des Berlinois. Construit sur pilotis et avançant dans la mer Baltique, l'appontement d'Ahlbeck, la plus importante station balnéaire d'Usedom, se dresse au milieu des flots.

Ein Märchenschloss in Deutschlands Norden ist das Schweriner Schloss, im 19. Jahrhundert im historisierenden Stil erbaut und prachtvoll ausgestattet. Hier residierten bis 1918 die mecklenburgischen Herzöge. Schwerin erhielt mit der Neugründung des Bundeslandes Mecklenburg-Vorpommern die Krone zurück: Es konnte sich im Streit um die Hauptstadtfrage gegen Rostock, die große Rivalin an der Ostseeküste, durchsetzen.

A fairy-tale castle in Northern Germany is the Palace of Schwerin, built in the 19th century in historicist style and sumptuously furnished. Until 1918 it was the seat of the Dukes of Mecklenburg resided here. With the re-establishment of the federal state of Mecklenburg-West Pomerania, Schwerin regained its crown: it was chosen as state capital in preference to its rival, the Baltic port of Rostock.

Le Château de Schwerin, un château féerique au Nord de l'Allemagne, a été construit au XIXe siècle dans un style historique et pompeusement aménagé. Servant de résidence aux Ducs du Mecklembourg jusqu'en 1918, il est aujourd'hui envahi par les touristes. Avec la formation du nouveau Land Mecklembourg-Poméranie occidentale, Schwerin a retrouvé sa couronne en reprenant ses droits de capitale à sa grande rivale Rostock, située sur les bords de la Baltique.

Die Häuser auf dem Hohen Ufer von Ahrenshoop sind durch den unaufhaltsamen Küstenrückgang gefährdet. An diesem stillen Ort war Ende des 19. Jahrhunderts auf Initiative des Malers Paul Müller-Kaempff eine Künstlerkolonie entstanden. Ahrenshoop liegt inmitten der Halbinsel Fischland-Darß-Zingst, die sich rund 45 Kilometer lang zwischen Rostock und Stralsund in die Ostsee erstreckt.

Houses on Ahrenshoop's Hohes Ufer are threatened by the constant erosion of the coast. An artist's colony was set up in this quiet village at the end of the 19th century on the initiative of the painter Paul Müller-Kaempff. Ahrenshoop lies approximately midway along the Fischland-Darss-Zingst peninsula, which extends about 45 kilometres into the Baltic Sea between Rostock and Stralsund.

Les maisons bordant la «Haute Rive» (Hohes Ufer) d'Ahrenshoop sont menacées par l'effritement inéluctable de la côte. Dès avant la fin du XIXe siècle, une colonie d'artistes était venus s'installer dans ce site paisible, à l'initiative du peintre Paul Müller-Kaempff. Ahrenshoop est situé au beau milieu de la presqu'île de «Fischland-Darß-Zingst» qui s'avance dans la Baltique sur environ 45 kilomètres entre Rostock et Stralsund.

Der Potsdamer Stadthafen mit dem Neubau des Stadtschlosses, in dem der Brandenburgische Landtag seinen Sitz hat. Das heutige Schloss ist äußerlich eine Rekonstruktion des im Zweiten Weltkrieg teilweise zerstörten und 1959 abgerissenen Originalbaus von Georg Wenzeslaus von Knobelsdorff. Im Hintergrund ragt die Kuppel der unter Denkmalschutz stehenden St.-Nikolai-Kirche hervor.

Potsdam's city harbour and the Stadtschloss, or City Palace, where the Brandenburg State Assembly meets. Externally, the present building is a reconstruction of the original, built by Georg Wenzeslaus von Knobelsdorff, which was partly destroyed in World War II and demolished in 1959. The dome of the listed Nikolaikirche, or Church of St Nicholas, stands out in the background.

Port fluvial de Potsdam avec les nouveaux bâtiments du Château de Ville où siège le Landtag (parlement) du Brandebourg. L'actuel château est extérieurement une reconstruction de celui qui fut en partie détruit au cours de la Seconde Guerre mondiale, une œuvre de Georg Wenzeslaus von Knobelsdorff à l'origine, démolie en 1959. A l'arrière-plan la coupole de l'église St- Nikolai, classée monument historique.

SCHIFFFAHRT in POTSDAM
4144-A
Berlin
Duo

In einer feuchten Niederung in der Niederlausitz erstreckt sich der Spreewald, eines der größten Naturschutzgebiete in Deutschlands Osten. Hier teilt sich die Spree in mehrere Arme und bietet, zusammen mit unzähligen weiteren kleinen Flüssen, ein Paradies für Kahnfahrer: Sie können auf zweihundert Kilometern Länge die Gegend zu Wasser durchqueren.

The Spreewald lies in a marsh area in Niederlausitz, one of the largest national parks in the east of Germany. Here, the Spree divides into a multitude of riverlets and is thus, along with other small rivers of the area, a paradise for boating. One can traverse the area on two hundred kilometers of waterways.

La Spreewald (Forêt de la Spree), l'un des plus grands parcs naturels protégés de l'est de l'Allemagne, s'étend dans une vallée humide de la région Niederlausitz. La rivière Spree se divise en plusieurs bras et forme, avec d'innombrables autres petits cours d'eau, un paradis pour les rameurs: ils peuvent s'en donner à cœur joie sur une distance de deux cents kilomètres.

Das 1789 bis 1791 am Pariser Platz errichtete Brandenburger Tor ist das letzte erhaltene von ehemals 14 Stadttoren Berlins. Der von Carl Gotthard Langhans entworfene Monumentalbau, das erste bedeutende Werk des Berliner Klassizismus, wurde 1794 mit der von Johann Gottfried Schadow gestalteten Quadriga gekrönt. Stets war das Brandenburger Tor auch ein politisches Symbol – vom Sieg über Napoleon bis zur Wiedervereinigung Deutschlands 1990.

Berlin's Brandenburg Gate, built between 1789 and 1791 on Pariser Platz, is the last of what once were 14 city gates. The monumental structure, designed by Carl Gotthard Langhans, was the first major work in the Berlin classical style. The four-horsed chariot by Johann Gottfried Schadow was added in 1794. The Brandenburg Gate has always been a political symbol – of events ranging from the victory over Napoleon to German reunification in 1990.

La Porte de Brandebourg à Berlin, construite de 1789 à 1791 sur la Pariser Platz, est la dernière porte de la ville encore existante des 14 que l'on comptait autrefois. Cet édifice monumental, conçu par Carl Gotthard Langhans, la première œuvre importante du classicisme berlinois, fut couronnée en 1794 par le quadrige réalisé par Johann Gottfried Schadow. De tout temps, la Porte de Brandebourg fut également un symbole politique – de la victoire remportée sur Napoléon à la réunification de l'Allemagne en 1990.

Der von dem Architekten Paul Wallot 1894 im Stil der Neorenaissance errichtete Bau beherbergte sowohl den Reichstag des Deutschen Kaiserreichs als auch den Reichstag der Weimarer Republik. Seit 1999 ist er wieder das Zentrum deutscher Politik. Nach dem von Norman Foster geleiteten Umbau (1991 bis 1998) residiert unter der neu gestalteten Kuppel der Deutsche Bundestag.

This 1894 neo-Renaissance building designed by the architect Paul Wallot was the seat of the Reichstag of the German Empire and of the Weimar Republic Reichstag. It has been back at the centre of German politics since 1991. After conversion works to designs by Norman Foster that were completed in 1998, the German Bundestag now meets beneath the redesigned dome.

Cet édifice conçu en 1894 dans le style de la néo-Renaissance par l'architecte Paul Wallot abrita tant le Reichstag de l'empire allemand que le parlement de la République de Weimar. Depuis 1999 il est redevenu le centre de la politique allemande. Après son réaménagement (1991–1998) placé sous la direction de Norman Foster, le Deutsche Bundestag (parlement allemand) siège de nouveau sous la coupole entièrement remaniée.

DEM DEUTSCHEN VOLKE

Eines der schönsten Zeugnisse preußischer Architektur ist das 1695 bis 1699 erbaute und bis 1791 erweiterte Schloss Charlottenburg. Seine Front erreicht eine Länge von 505 Metern. Heute ist das Schloss als Museum zu besichtigen. Zu sehen sind hier unter anderem die Wohnung Friedrichs des Großen, das Porzellankabinett und eine bedeutende Sammlung französischer Malerei des 18. Jahrhunderts.

One of the finest examples of Prussian architecture is Charlottenburg Palace, built between 1695 and 1699 and extended up to 1791. Its facade is 505 metres long. The palace is now a museum. Among other things, it houses the apartments of Frederick the Great, a porcelain gallery and a major collection of 18th-century French paintings.

Le Château de Charlottenburg, construit de 1695 à 1699 et agrandi jusqu'en 1791 est l'un des plus beaux témoins de l'architecture prussienne. Sa façade atteint une longueur de 505 mètres. Aujourd'hui le château accueille un musée. On y verra entre autres les appartements de Frédéric le Grand, le cabinet des porcelaines et une remarquable collection de peinture française du XVIIIe siècle.

Das Schöne mit dem Nützlichen zu verbinden war das Bestreben des Fürsten Leopold III. Friedrich Franz von Anhalt-Dessau. Angeregt durch Reisen nach England entstand Ende des 18. Jahrhunderts unweit der Städte Dessau, Wittenberg und Bitterfeld der Wörlitzer Park, die früheste Schöpfung des englischen Landschaftsgartens auf dem Kontinent und ein Kunstwerk von besonderer Schönheit. Der Blick geht über den See auf das Schloss und die Kirche.

Prince Leopold III Frederick Franz of Anhalt-Dessau always strove to combine beauty with utility. Inspired by journeys to England, Wörlitz Park, not far from the towns of Dessau, Wittenberg and Bitterfeld, was laid out at the end of the 18th century, the first example of an English landscaped garden on the European continent, and a work of art of outstanding beauty. The photograph shows the view across the lake to the castle and church.

Joindre l'utile à la beauté, telle était l'aspiration profonde du prince Léopold III Frédéric Franz von Anhalt-Dessau. Inspiré par ses voyages en Angleterre, il fit aménager le parc de Wörlitz vers la fin du XVIIIe siècle, non loin des villes de Dessau, Wittenberg et Bitterfeld. Ce parc représente la première création, sur le continent, de jardins paysagés à l'anglaise est un chef-d'œuvre d'une beauté toute particulière. Le regard plane, par-delà le lac, jusqu'au château et à l'église.

Mit seinen 1142 Metern überragt der Brocken alle anderen Gipfel des Harzes. Mehr als seine Gestalt und Höhe hat der Mythos des alten Blocksberges, auf dem die Hexen in der Walpurgisnacht zusammenkommen sollen, die Menschen immer wieder in seinen Bann gezogen. Besonders beeindruckend ist eine Fahrt mit der dampfgetriebenen Schmalspurbahn auf den höchsten Berg Norddeutschlands.

The 1,142-metre-high-Brocken towers above all the other peaks of the Harz. Also known as the Blocksberg, it has cast a spell on people throughout the centuries, not so much because of its shape and height as on account of the myth that witches hold a rendezvous here on their sabbath, Walpurgis Night. An ascent of North Germany's highest mountain by narrow-gauge steam railway is a particularly impressive experience.

De ses 1142 mètres, le Brocken domine tous les autres sommets du Harz. Plus encore que son aspect extérieur et son altitude, le mythe qui s'est forgé autour de ce vieux massif rocheux, sur lequel, dit-on, se réunissaient les sorcières dans la Nuit de Walpurgis, continue de hanter l'imagination des hommes. La remontée de la plus haute montagne du nord de l'Allemagne en chemin de fer à vapeur sur voie étroite ne manquera pas d'impressionner le voyageur.

Burg Hülshoff im Münsterland war schon dreieinhalb Jahrhunderte im Familienbesitz, als die Dichterin Annette von Droste-Hülshoff hier im Januar 1797 geboren wurde. Mitte des 16. Jahrhunderts war das große Herrenhaus mit dem niedrigen Seitenflügel mitten im Hausteich erbaut worden. Ein gründlicher Umbau 1798 machte aus der mittelalterlichen Burg ein wohnliches Schloss.

Burg Hülshoff in the Münsterland had been owned by the family for three and a half centuries when the poetess Annette von Droste-Hülshoff was born here in January 1797. The large manor house with its squat side-wing was built in the middle of the castle lake in the middle of 16th century. Comprehensive conversion in 1798 transformed the mediaeval castle into a comfortable country house.

Le château fort de Hülshoff dans le Münsterland était propriété de la famille depuis plus de trois siècles et demi, lorsque la poétesse Annette von Droste-Hülshoff y naquit en janvier 1797. C'est au milieu du XVIe siècle que la grande demeure seigneuriale, dotée d'une aile latérale basse, avait été construite au beau milieu de la mare du château. Après avoir été remanié en grand style en 1798, la bastille médiévale fut transformée en un confortable château.

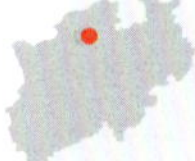

Von 1932 bis 1986 drehten sich die Seilscheiben am Förderturm von Schacht XII der Zeche Zollverein in Essen-Katernberg, die seit 2001 – gemeinsam mit der unmittelbar benachbarten Kokerei Zollverein – UNESCO-Weltkulturerbe ist. Die Schachtanlage wurde nicht nur höchsten technischen Anforderungen gerecht, sondern galt auch als architektonische Meisterleistung ihrer Erbauer Fritz Schupp und Martin Kremmer.

The winding-tower pulleys of Shaft XII of the Zollverein colliery in Essen-Katernberg were in operation from 1932 to 1986. Together with the neighbouring Zollverein coking plant, it was declared a UNESCO world heritage site in 2001. The pithead installation not only fulfilled the highest technical requirements, but was seen as a superb architectural achievement by its creators Fritz Schupp and Martin Kremmer.

Les poulies de cable du chevalement du puits XII de la mine «Zollverein», à Essen-Katernberg, tournèrent de 1932 à 1986. De même que la cokerie Zollverein, sa voisine immédiate, il fait partie depuis 2001 de l'héritage culturel mondial de l'UNESCO. Ce chevalement de mine répondait non seulement aux exigences de la technique mais était aussi considéré comme une performance architectonique magistrale que réalisèrent Fritz Schupp et Martin Kremmer, les constructeurs.

Zollverein

Die Farben des Bergischen Landes, der Region zwischen Ruhr und Rhein, Sieg und Agger, sind Schwarz, Weiß, Grün und Grau. Lennep, heute zu Remscheid gehörig, ist fast ein bergisches Freilichtmuseum: In kaum einer anderen Stadt findet sich ein derart gut erhaltener Kern aus alten Fachwerkhäusern, Villen und Kirchen im landestypischen Stil, hier die evangelische Stadtkirche am Alten Markt.

The typical colours of the Bergisches Land, the region that lies between the rivers Ruhr, Rhine, Sieg and Agger, are black, white, green and grey. The town of Lennep, now part of Remscheid, is almost an open-air museum for the region. Scarcely any other place boasts such a well-preserved core of historic half-timbered buildings, villas and churches in the typical regional style, including the Protestant church here on the Alter Markt.

Les couleurs du Bergisches Land, région située entre la Ruhr et le Rhin, la Sieg et l'Agger, sont le noir, le blanc, le rouge et le gris. Lennep qui, aujourd'hui, fait partie de Remscheid, est pour ainsi dire un musée à ciel ouvert: il n'existe presqu'aucune autre ville qui, en effet, possède un noyau urbain aussi bien conservé, où l'on trouvera d'anciennes maisons à colombages, des villas, mais aussi des églises construites dans le style typique de la région. On voit ici l'église paroissiale protestante en bordure du Alter Markt.

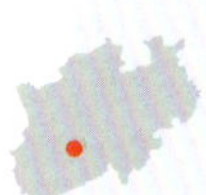

Josef
Josef
Josef
GLS

Die elegante Landeshauptstadt Düsseldorf mit ihrer reizvollen Rheinpromenade beherbergt viele Schaltstellen von Wirtschaft und Politik. Von der Treppe am Burgplatz schweift der Blick weit über das Vodafone-Hochhaus, den Fernsehturm und die Rheinkniebrücke. Direkt links neben dem Fernsehturm ragt das Bürohochhaus „Stadttor“ empor, das Amtssitz des nordrhein-westfälischen Ministerpräsidenten ist.

Düsseldorf, the elegant state capital with its delightful Rheinpromenade is indeed a centre of business and politics. From the steps on Burgplatz there is a wide-ranging view of the Vodafone skyscraper, the TV tower and the Rheinkniebrücke bridge. To the immediate left of the TV tower is the Stadttor, an office block that is the official seat of the prime minister of North Rhine-Westphalia.

Düsseldorf, l’élégante capitale du land, connue pour sa belle promenade des bords du Rhin abrite également de nombreux centres de décision du monde industriel et politique. De l’escalier en bordure du Burgplatz le regard plane bien au-delà de la tour Vodafone, de la tour de télévision et du pont sur le Rhin. A gauche, à côté de la tour de télévision se dresse l’immeuble de bureaux «Stadttor», siège du ministre-président de Rhénanie-du-Nord-Westphalie.

Die Rheinmetropole Köln ist eine Stadt voller Kontraste: Medienstadt und bedeutender Messeplatz, Wirtschaftszentrum und Kunstmetropole. Die Schokoladenseite der Stadt erschließt sich vom rechten Rheinufer besonders eindrucksvoll. Das Museum Ludwig (ganz rechts), der Dom, die romanische Kirche Groß St. Martin und der Fernsehturm (links) stehen für das reizvolle Miteinander von Mittelalter und Moderne, Sakralem und Irdischem.

Cologne, the metropolis on the Rhine, is a city full of contrasts: a media location and a venue of leading exhibitions and trade fairs, a centre of commerce, industry and the arts. There is a particularly impressive view of the more attractive side of the city from the right bank. The Museum Ludwig (far right), the Cathedral, the Romanesque church of Gross St Martin and the TV tower (left) symbolise the city's delightful blend of the mediaeval and the modern, the sacred and the profane.

Cologne, métropole des bords du Rhin, est une ville toute en contrastes: ville des médias et important centre de foires, métropole économique et artistique. C'est une vue particulièrement impressionnante de la partie la plus attractive de la ville que l'on a de la rive droite. Le Musée Ludwig (tout à fait à droite), la cathédrale, l'église romane St-Martin-la-Grande et la tour de télévision (à gauche) symbolisent la convivialité du médiéval et du moderne, du sacré et du profane.

WAPPEN VON KÖLN

Steiler als an der Mosel sind die Weinberge nirgends in Europa. Optimale Niederschlagsverhältnisse und eine schnelle Erwärmung der Schieferhänge schaffen für die Reben ideale Voraussetzungen. Vor allem der Riesling mehrt den Ruf der Region. So idyllisch wie hier in Beilstein präsentiert sich die oft lieblich besungene Mosella vielerorts. Neben den Moselweinen ist Rheinland-Pfalz auch berühmt für seine Nahe- und Pfälzerweine.

Nowhere in Europe are the vine-clad slopes steeper than along the River Moselle. Optimum rainfall and the speed with which the slate-covered slopes are warmed by the sun create ideal wine-growing conditions. The region owes its reputation above all to the Riesling grape. The river much lauded looks as idyllic in many places as it does here in Beilstein. Apart from Moselle wines, the state of Rhineland-Palatinate is known for its Nahe and Palatinate wines.

Nulle part ailleurs, en Europe, les vignobles ne sont plus escarpés qu'en bordure de la Moselle. Des précipitations optimales et un réchauffement rapide des versants au sol schisteux sont des conditions idéales pour la culture de la vigne. Le Riesling contribue tout particulièrement à la réputation de cette région. En de nombreux endroits, la Moselle, si délicieusement chantée, présente un visage tout aussi idyllique qu'ici, à Beilstein. En dehors de ses vins de la Moselle, la Rhénanie-Palatinat est également connue pour ses vins de la Nahe et du Palatinat.

Speyer, die Dom- und Kaiserstadt am Rhein, kann auf eine 2000-jährige Geschichte zurückblicken. Kelten, römische Soldaten, Kriege und Revolutionen haben das Gesicht der Stadt geprägt. Weithin sichtbares Wahrzeichen ist der Kaiserdom, eines der bedeutendsten und größten romanischen Bauwerke Deutschlands. Die Krypta der „Hauskirche“ der salischen Kaiser – die Grundsteinlegung durch Konrad II. erfolgte um 1030 – dient als Grablege für acht deutsche Kaiser und Könige.

The cathedral and imperial city of Speyer on the Rhine can look back on two thousand years of history. Its features were shaped by Celts, Roman soldiers, war and revolutions. The city's emblem, visible from a long way off, is the Kaiserdom or Imperial Cathedral, one of Germany's most important and largest Romanesque buildings. The crypt of what was once the "private church" of the Salian emperors – its foundation stone was laid by Konrad II in around 1030 – is the burial place of eight German emperors and kings.

Spire, ancienne ville impériale dotée d'une cathédrale et située en bordure du Rhin, s'enorgueillit d'une histoire remontant à 2000 ans. Celtes, soldats romains, guerres et révolutions ont marqué de leurs empreintes la physionomie de la ville. La cathédrale impériale, visible de loin alentour, l'un des plus grands et des plus importants édifices de l'art roman, en est le symbole. La crypte de l'église des empereurs saliens – Conrad II en posa la première pierre en 1030 – sert de tombeau à huit empereurs et rois allemands.

Von der auf einem 110 Meter hohen Felssporn stehenden Burg Gutenfels ist der Blick auf das zum UNESCO-Welterbe gehörenden Oberen Mittelrheintal grandios. Die kurpfälzische Zollbastion Burg Pfalzgrafenstein, auch Pfalz bei Kaub genannt (in der Flussmitte), gleicht einer schwimmenden Festung mitten im Strom und zählt zu den größten Sehenswürdigkeiten einer Rheinfahrt.

Gutenfels Castle stands on a 110-metre high spur of rock with a breathtaking view of the Upper Middle Rhine Valley, a UNESCO world heritage site. Pfalzgrafenstein, otherwise known as Kaub castle, in the middle of the river, was a customs bastion of the Palatine electoral princes. Looking just like a floating castle, it is one of the most impressive sights on a Rhine tour or cruise.

Du château fort Gutenfels trônant sur un promontoire rocheux de 110 mètres de haut, la vue sur la vallée supérieure du cours moyen du Rhin, laquelle est inscrite au patrimoine mondial de l'UNESCO, est d'une grandiose beauté. Ce bastion palatin où s'effectuait le paiement des droits de passage, appelé «Burg Pfalzgrafenstein», ou encore «Pfalz bei Kaub» (au milieu du fleuve) ressemble à une forteresse flottante et compte parmi les plus remarquables curiosités d'une croisière sur le Rhin.

Die Saarschleife bei Mettlach: Durch den harten Quarzit des Orscholzer Riegels hat sich die Saar im Laufe der Jahrtausende ihr Flussbett gegraben. Die Saar, in den Vogesen entsprungen, mündet nach 246 Kilometern in die Mosel. Das Landschaftsbild ist ein vielgeliebtes Postkartenidyll, das Touristen und Künstler magisch anzieht. „Gegen den leidenschaftlichen Takt der Arbeit … erhebt sich die Stille", raunt der Dichter Reinhold Schneider und biegt die saarländischen Gegensätze poetisch zusammen.

The bend in the River Saar near Mettlach. The Saar carved its path through the hard Orscholz quartzite over the millennia. Rising in the Vosges, it flows into the Moselle 246 kilometres downstream. The idyllic, postcard-like scenery exercises a magical attraction on tourists and artists alike. "Against the passionate rhythm of work … the peace and quiet rises," wrote the poet Reinhold Schneider, in a poetic interlinking of the contrasts of the Saarland.

La boucle de la Sarre, près de Mettlach: au fil de milliers d'années, la rivière a creusé son lit à travers le quartzite dur de la barre d'Orscholz. Prenant sa source dans les Vosges, la Sarre rejoint la Moselle à 246 km de là. Cette contrée idyllique à la beauté de carte postale est fort prisée et attire touristes et artistes. «En écho à la cadence passionnée du travail … s'élève le silence», murmure l'écrivain Reinhold Schneider, accouplant sur un plan poétique les antagonismes sarrois.

Ein imposantes Zeugnis der Industriekultur des Saarlands: Die UNESCO erhob das stillgelegte Stahlwerk von Völklingen 1994 in den Rang eines Weltkulturerbes. Die Hütte mit Hochöfen und Pumpenhaus, Handwerkergasse und Gasgebläsehalle wurde bereits Ende des 19. Jahrhunderts gegründet und produzierte bis in die 1980er-Jahre. Noch im Jahr 1965 arbeiteten hier insgesamt 17 000 Menschen. Nach der Stilllegung und nach kontinuierlicher Instandsetzung folgte die Nutzung als musealer Betrieb.

Impressive testimony to Saarland's industrial culture: UNESCO declared the disused Völklingen steelworks a world cultural heritage site in 1994. The smelting shop, blast furnaces and pump house, workshops and gas blower engine hall were built in the late 19th century and remained in operation until the 1980s. In 1965, a total of 17,000 people were employed here. After the steelworks were closed down it was maintained continuously, then became a museum.

Un témoin imposant de la culture industrielle de la Sarre: l'UNESCO a inscrit au patrimoine culturel mondial l'aciérie de Völklingen qui cessa d'être exploitée en 1994. Cet établissement sidérurgique comprenant hauts-fourneaux, salle des pompes, ruelle d'artisans et soufflerie à gaz fut fondée dès la fin du XIXe siècle. Sa production ne s'arrêta que dans les années 1980. En 1965 17 000 ouvriers au total y travaillaient encore. Après sa fermeture et une remise en état continue, elle fut convertie en musée.

Der Blick auf Marburg von der Lahn aus zeigt, wie die monumentale Burg über der Stadt thront. Herzogin Sophie von Brabant, Tochter der heiligen Elisabeth, proklamierte 1248 ihren erst dreijährigen Sohn zum Herrscher über die neugegründete Landgrafschaft Hessen. So wurde Marburg zur Residenzstadt, und die Burg wandelte sich im Laufe der Zeit zum repräsentativ gestalteten Landgrafenschloss.

This view of Marburg from the Lahn shows how the monumental castle dominates the town. In 1248 Duchess Sophie of Brabant, daughter of St Elisabeth, proclaimed her son, just three years old, ruler of the newly founded Landgravate of Hesse. Thus Marburg became a princely seat and over time the castle was transformed into a grand landgravial palace.

Cette vue sur Marburg, prise de la Lahn, montre le château fort monumental trônant au-dessus de la ville. En 1248, la duchesse Sophie de Brabant, fille de Ste-Elisabeth, proclama son fils alors âgé de trois ans seulement, souverain du comté de Hesse, nouvellement fondé. Ainsi la ville de Marburg devint-elle résidence. Le château fort se vit lui aussi transformé au fil des siècles en demeure représentative des landgraves.

Frankfurt, wo einst die deutschen Kaiser und Könige gekrönt wurden und sich 1848 in der Paulskirche das erste deutsche Parlament versammelte, ist heute die Stadt der Banken, Messen und Museen. Frankfurt ist Sitz der Europäischen Zentralbank, der Deutschen Bundesbank und der Frankfurter Wertpapierbörse. Durch ihre zentrale Lage gehört sie mit dem Flughafen, dem Hauptbahnhof und dem Frankfurter Kreuz zu den wichtigsten Verkehrsknotenpunkten Europas.

Frankfurt, where German kings and emperors used to be crowned and where the first German parliament met in the Paulskirche in 1848. It is now a city of banks, trade fairs and museums. Frankfurt is the seat of the European Central Bank, the German Bundesbank and the Frankfurt Stock Exchange. The city's central location, combined with its airport, railway terminus and Frankfurter Kreuz autobahn interchange, makes it one of Europe's foremost transport hubs.

Francfort, la ville qui a vu autrefois le couronnement de rois et d'empereurs et dans laquelle s'est réunie en 1848 la première Assemblée nationale allemande à l'Eglise Paulskirche, est aujourd'hui la ville des banques, des foires et des musées. Francfort est le siège de la Banque centrale européenne, de la Banque fédérale allemande et de la Bourse des valeurs de Francfort. Grâce à sa position centrale elle est, avec l'aéroport, la gare principale et le nœud autoroutier Frankfurter Kreuz le plus important centre du trafic en Europe.

Helaba

Der Limburger Dom, ein bedeutendes Beispiel spätromanischer Baukunst und seit 1827 Bischofssitz, liegt in unmittelbarer Nähe der malerischen Altstadt. Durch seine beeindruckende Lage auf den Felsen oberhalb der im 14. Jahrhundert erbauten Lahnbrücke (im Vordergrund) ist das vieltürmige Gotteshaus weithin sichtbar.

Limburg Cathedral, an outstanding example of late Romanesque architecture and a diocesan seat since 1827, is close to the picturesque old town. Its imposing position on a rock above the bridge across the Lahn which was built in the 14th century makes this many-towered church visible from a distance.

La cathédrale de Limburg, important exemple de l'architecture de la fin de l'art roman et siège épiscopal depuis 1827 se trouve à proximité immédiate de la pittoresque vieille ville. Du fait de son imposante position sur un promontoire rocheux au-dessus du pont enjambant la Lahn et datant du XIV siècle, cette maison de culte aux nombreuses tours est visible de loin.

Die Wartburg bei Eisenach: Hier suchte 1521/22 Martin Luther, der wegen seiner 95 Thesen gegen den Ablasshandel von Kirchenbann und Reichsacht bedroht war, Zuflucht vor seinen Verfolgern. Nur elf Wochen brauchte der Reformator, um in der Abgeschiedenheit das Neue Testament ins Deutsche zu übertragen.

The Wartburg at Eisenach: in 1521/1522 Martin Luther, threatened with excommunication as a result of his 95 theses against indulgences, found refuge here from his persecutors. Secluded from the rest of the world, it took the Reformer just eleven weeks to translate the New Testament into German.

Wartbourg près de Eisenach: C'est ici que Martin Luther, menacé d'excommunication à la suite de la publication de ses 95 thèses contre les indulgences et de mise au ban de l'Empire, trouve refuge de 1521 à 1522. Durant cette claustration il ne lui faut que de onze semaines pour traduire le Nouveau Testament en langue allemande.

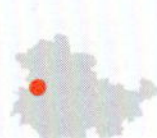

Das mittelalterliche Ensemble der Türme des Doms (links) und der Severikirche krönt das „Thüringische Rom“: die Landeshauptstadt Erfurt. Der Domschatz birgt eine bedeutende Sammlung sakraler Kunst.

The mediaeval ensemble of towers of the cathedral (left) and St Severus' Church crown "Thuringia's Rome," the state capital Erfurt. The cathedral houses a major collection of sacred art.

L'ensemble d'aspect moyenâgeux, formé par les tours de la cathédrale (à gauche) et de la Severikirche (Eglise Saint-Sever), couronne la «Rome thuringienne»: Erfurt, capitale du land. Le Trésor de la cathédrale renferme une remarquable collection d'objets se rapportant à l'art sacré.

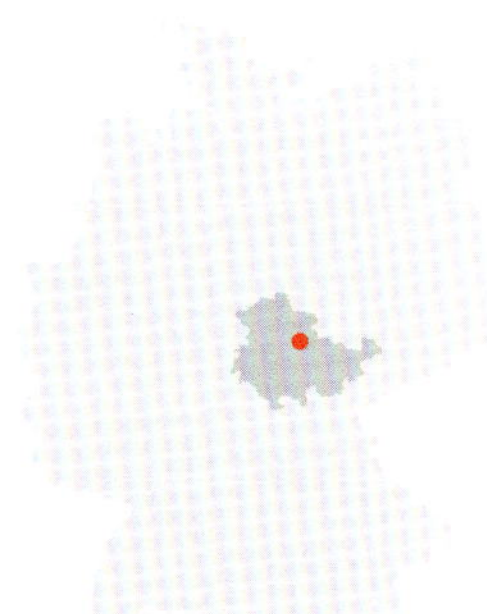

Dresden, die Hauptstadt des Bundeslandes Sachsen, ist gleich doppelt begünstigt: durch die geografische Lage an einer sanften Biegung der Elbe und durch seine Kunstschätze und Bauten. Besonders im Abendlicht, wenn die historischen Gebäude Dresdens – die Semperoper (rechts), die Hofkirche, das Schloss, die Brühlsche Terrasse, die Frauenkirche und das Albertinum (links) – sich in der Elbe spiegeln, ist heute schon wieder viel von dem einstigen Glanz der „Kulturmetropole" zu spüren.

Dresden, capital of the federal state of Saxony, is doubly favoured: first by its geographical location at a gentle bend in the River Elbe, and second by its artistic treasures and buildings. Especially in the evening light, when Dresden's historic buildings – the Semper Opera House (right), the Brühlsche Terrasse, the Frauenkirche and the Albertinum (left) – are reflected in the water of the Elbe, much of the former grandeur of the "cultural metropolis" can be sensed.

Dresde, capitale du Land de la Saxe, profite de deux avantages: sa situation géographique dans une boucle de l'Elbe et ses édifices remplis d'œuvres d'art. C'est au soleil couchant, lorsque se reflètent dans l'Elbe les bâtiments historiques de Dresde – le Semperoper (à droite), la Hofkirche, le château, la Terrasse de Brühl, la Frauenkirche et l'Albertinum (à gauche) – que l'atmosphère prestigieuse dont était autrefois nimbée la métropole des bords de l'Elbe se fait de nouveau ressentir.

Die Elbbastei ist die vielbesuchte Attraktion des wildromantischen Elbsandsteingebirges. Aus der Schweiz kommende Maler nannten die zu Sachsen gehörende Landschaft mit ihren manchmal fast senkrecht abfallenden Felswänden „Sächsische Schweiz“ – ein Name, der sich für das heute unter Landschaftsschutz stehende Gebiet erhalten hat. Das Elbsandsteingebirge ist beliebt bei Wanderern und wird besonders geschätzt von Kletterern. Hier ein Blick auf die 305 Meter über NN liegende Bastei.

The Bastei (bastion) is the much-visited attraction of the wildly romantic Elbe sandstone highlands. Painters from Switzerland called this Saxon landscape, with its at times vertical cliff-faces, "Saxon Switzerland," a name the region, now a nature reserve has retained. The Elbsandsteingebirge is beloved of hikers and especially popular with climbers. The picture shows a view of the Bastei, which is 305 metres above sea level.

L'«Elbbastei», bastion rocheux qui domine l'Elbe, est le pôle d'attraction de la région sauvage et romantique qu'est le Elbsandsteingebirge. Des peintres venus de Suisse donnèrent le nom de «Suisse franconienne» à cette contrée qui fait partie de la Saxe et présente des parois rocheuses tombant presque à pic. On désigne aujourd'hui encore de ce nom cette région classée site protégé. Elle est très prisée des randonneurs et des grimpeurs. Vue sur la Bastei s'élevant à 305 mètres au-dessus du niveau zéro.

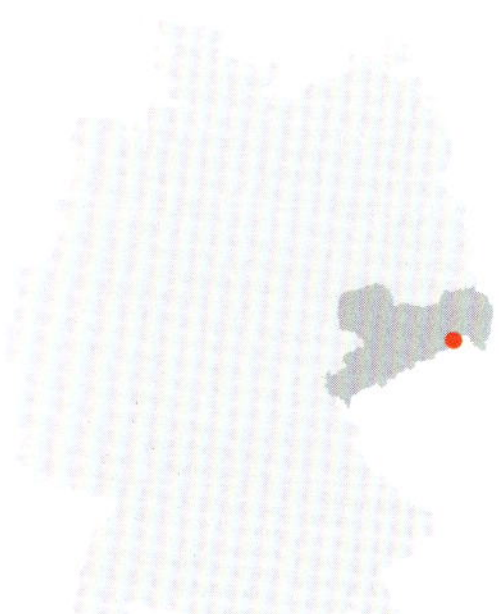

MUSEUM
Johann Wolfgang Goethe

Die Alte Börse am Naschmarkt unmittelbar hinter dem Alten Rathaus ist Leipzigs schönster Barockbau. Davor steht das Denkmal des jungen Goethe, der hier von 1765 bis 1768 studierte. Zwei Medaillons am Sockel des Denkmals weisen auf seine beiden Freundinnen aus der Leipziger Zeit hin: Das Porträt der hübschen Wirtstochter Käthchen Schönkopf befindet sich an der Ostseite, das von Friederike Oeser, der intelligenten Tochter des Akademiedirektors, an der Westseite.

The Alte Börse (Old Stock Exchange) on Naschmarkt directly behind the Altes Rathaus is Leipzig's finest Baroque building. The statue in front of it is of Goethe as a young man. He studied in Leipzig from 1765 to 1768. Two medallion portraits on the monument pedestal recall friends of his Leipzig days. The one on the east side commemorates pretty Käthchen Schönkopf, a landlord's daughter, while the one on the west is that of Friederike Oeser, the intelligent daughter of the academy director.

La Alte Börse (Ancienne Bourse) en bordure du Naschmarkt, tout juste derrière le Altes Rathaus (Vieil Hôtel de Ville) est le plus bel édifice baroque de Leipzig. Devant: le monument à la mémoire du jeune Goethe qui y fit ses études de 1765 à 1768. Deux portraits en médaillon sur le socle du monument rappellent ses deux amies de l'époque: celui de la jolie Käthchen Schönkopf, fille d'aubergiste, face est et de Fredérike Oeser, fille intelligente du directeur d'Académie, face ouest.

Blick über die Neckarbrücke auf die Altstadt von Heidelberg und das auf einem Vorsprung des Königsstuhls gelegene Schloss. Die auf eine mittelalterliche Burg zurückgehende Anlage wurde Ende des 17. Jahrhunderts während des Pfälzischen Erbfolgekrieges verwüstet und knapp ein Jahrhundert später durch einen Blitzschlag in den Pulverturm noch weiter zerstört. Erst als malerische Ruine wurde sie zum Symbol deutscher Burgenromantik.

A view from the Neckar bridge of the old town of Heidelberg and the castle high up on the hill Königsstuhl. The castle, which dates back to a mediaeval fortress, was ravaged at the end of the 17th century during the wars of the Palatinate succession and further destroyed a century later, when lightning struck the munition chamber. Only as a picturesque ruin did it become a symbol of German romantic castles.

Vue par-delà le pont sur le Neckar, sur la vieille ville de Heidelberg et le château situé sur le promontoire du Königsstuhl. Cette forteresse moyenâgeuse a été ravagée à la fin du XVIIe siècle au cours des guerres de succession du Palatinat et détruite un siècle plus tard par la foudre tombée sur la tour servant de poudrière. Ce n'est qu'en tant que ruine pittoresque qu'elle est devenue un symbole du romantisme allemand.

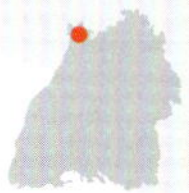

Auf dem weiten Areal des Freilichtmuseums „Vogtsbauernhof" bei Gutach werden die unterschiedlichen Bauformen des Schwarzwaldhofes sowie das Wohnen, Leben und Arbeiten der Menschen in dieser Region mustergültig präsentiert. Der hier abgebildete „Vogtsbauernhof" ist ein Haustyp, der sich den besonderen Bedingungen des Südschwarzwalds (Hanglage, große Schneemengen, starke Winde) optimal angepasst hat.

In the extensive grounds of the Vogtsbauernhof open-air museum near Gutach you can see examples of different types of Black Forest farmhouse buildings and learn about the lifestyle and work of people in this region. The Vogtsbauernhof in the picture is a type of farmstead that is optimally adapted to the particular conditions in the southern Black Forest with its hillside locations, heavy snowfalls and strong winds.

Sur le vaste terrain du Musée à ciel ouvert «Vogtsbauernhof» près de Gutach, les différentes formes qui caractérisent la ferme de la Forêt-Noire sont représentées de manière exemplaire, de même que l'habitat, la vie et le travail des habitants de cette région. Le «Vogtsbauernhof», photographié ici, est un type d'habitation qui s'est adapté de façon optimale aux conditions particulières du sud de la Forêt Noire (versants, importantes quantités de neige, vents forts).

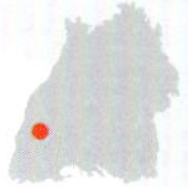

VOGTSBAUERNHOF
1612

Das Bild der einzigartigen Stadt Meersburg am Bodensee ist noch immer völlig unversehrt. Die Meersburg, die der dazugehörigen Stadt ihren Namen gab, darf mit Recht als merowingische Königsburg bezeichnet werden. Der Freiherr Joseph von Laßberg erwarb die Burg 1838 vom badischen Staat für 10 000 Gulden und bewohnte sie mit seiner Frau Jenny, der Schwester der Dichterin Annette von Droste-Hülshoff, die er 1834 geheiratet hatte.

The view of Meersburg, a unique town on the shore of Lake Constance, is unspoilt. The Meersburg, which gave the town its name, can justifiably be called a Merovingian royal castle. Baron Joseph von Lassberg bought the castle from the state of Baden for 10,000 guilders in 1838 and lived there with his wife Jenny, sister of the poetess Annette von Droste-Hülshoff, who he had married in 1834.

La physionomie de la superbe ville de Meersburg, située au bord du Lac de Constance, est demeurée intacte. Le Château de Meersburg qui donna son nom à la ville peut être qualifié, à juste titre, de château royal mérovingien. Le baron Joseph von Laßberg en fit l'acquisition en 1838 en le rachetant à l'Etat de Bade pour la somme de 10.000 florins. Il l'habita avec sa femme, Jenny, sœur de la poétesse Annette von Droste-Hülshoff, qu'il avait épousée en 1834.

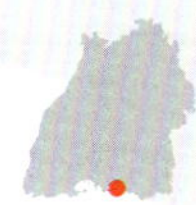

Das Neue Schloss in Stuttgart wurde zwischen 1746 und 1807 im Auftrag der württembergischen Herzöge und Könige als Residenz- und Wohnschloss erbaut. Nach fast vollständiger Zerstörung der weitläufigen Anlage gegen Ende des Zweiten Weltkriegs beschloss der Landtag 1957 den Wiederaufbau. Das für Besichtigungen geöffnete Schloss ist heute Sitz von Finanz- und Wirtschaftsministerium. Der abgebildete Schalenbrunnen von Christian von Leins wurde zu Ehren Wilhelms I. von Württemberg 1863 aufgestellt.

The Neues Schloss in Stuttgart was built between 1746 and 1807 as a royal seat and residence for the dukes and kings of Württemberg. This extensive complex was almost completely destroyed towards the end of World War II. In 1957 the state parliament resolved to rebuild it. Open to visitors, it is home to the state ministry of finance and economic affairs. The bowl-shaped fountain in the picture is by Christian von Leins and was erected in 1863 in honour of Wilhelm I of Württemberg.

Le Neues Schloss (Nouveau Château) à Stuttgart fut érigé entre 1746 et 1807 sur commande des ducs et rois du Wurtemberg qui en firent leur résidence officielle et leur demeure. Bien qu'ayant été presque entiérement détruit vers la fin de la Seconde Guerre mondiale, le parlement du Land en décida la reconstruction en 1957. Ce château, ouvert au public, est actuellement siège du Ministère des Finances et de l'Économie. La fontaine à vasque, une œuvre de Christian von Leins, fut installée en 1863 en l'honneur de Guillaume Ier de Wurtemberg.

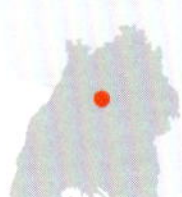

Dass der heilige Kilian auf der alten Mainbrücke in Würzburg mahnend den Zeigefinger hebt, hat seinen guten Grund: Zusammen mit seinen beiden Gefährten Kolonat und Totnan wurde der irische Wanderbischof im 7. Jahrhundert auf Befehl der fränkischen Herzogin Geilana ermordet. Von Kilians Nachfolgern wurde die Festung Marienberg hoch über dem Main errichtet. Heute beherbergt das imposante Bauwerk das Mainfränkische und das Fürstenbau-Museum.

There is a good reason why St Kilian is raising his finger in admonition on the old bridge across the Main in Würzburg. Along with his two comrades Colonat and Totnan, the Irish itinerant bishop was murdered in the 7th century by order of the Franconian Duchess Geilana. The Marienberg fortress overlooking the Main was built by Kilian's successors. The imposing building now houses the Mainfränkisches and the Fürstenbau-Museum.

Que Saint-Kilian, qui se dresse sur le Vieux Pont du Main à Wurtzbourg, lève le doigt en signe d'exhortation a sa raison d'être. Cet évêque itinérant d'origine irlandaise fut assassiné au VIIe siècle avec ses deux compagnons Kolonat et Totnan, sur l'ordre de la duchesse franque Geilana. Ce sont les successeurs de Kilian qui construisirent la forteresse de Marienberg surplombant le Main. Cet imposant édifice abrite aujourd'hui le Mainfränkisches Museum (le Musée franconien du Main) ainsi que le Musée Fürstenbau.

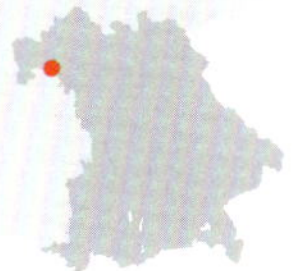

Ihren Namen hat die Stadt Dinkelsbühl vom Dinkel, einer alten Getreidesorte. Heute ist die Stadt eine der stimmungsvollsten und schönsten an der Romantischen Straße, auch wenn übereifrige Bürger die komplett erhaltene Stadtmauer Anfang des 19. Jahrhunderts ihres Wehrgangs beraubten. Erst König Ludwig I. schob diesem Tun einen Riegel vor, indem er die ganze Stadt einfach unter Denkmalschutz stellte.

Dinkelsbühl owes its name to Dinkel or spelt, an old type of grain. The town is now one of the most idyllic and beautiful on the Romantic Road even though over-zealous townsfolk stripped the unspoilt city walls of their walk-round battlements at the beginning of the 19th century. King Ludwig I of Bavaria put an end to this by decreeing the entire town to be a protected monument.

La ville de Dinkelsbühl tient son nom de l'ancienne variété de blé qu'est le «Dinkel», l'épeautre. Aujourd'hui, cette ville est l'une des plus évocatrices du passé et des plus ravissantes de la Route Romantique, même si certains habitants particulièrement zélés enlevèrent aux remparts de la ville le chemin de ronde au début du XIXe siècle. Le roi Louis Ier mit finalement un terme à ces activités en décrétant la totalité de la ville patrimoine historique.

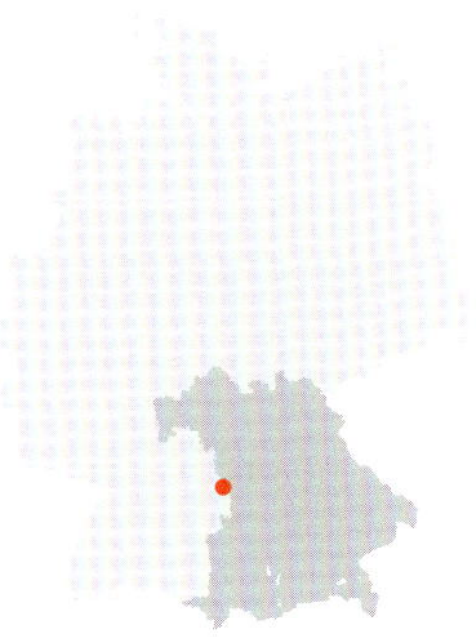

Das Allgäu: Das sind Hügel und Berge, Wasserfälle und Seen, Blumenwiesen und Moore, Weiden und Sennhütten, Barockkirchen und Flanierstädtchen, geruhsame Kurorte und lebendiges Brauchtum und die Schlösser des Bayernkönigs Ludwig II., Neuschwanstein und Hohenschwangau. Mit fetten Weiden und grünen Wäldern präsentiert sich die Voralpenlandschaft. Erst am Horizont erheben sich steil die Kalkfelsen der Allgäuer Hochalpen.

The Allgäu is a region of hills and mountains, waterfalls and lakes, meadows of wild flowers and moors, Alpine pastures and dairy huts, Baroque churches and small towns to stroll in, peaceful spas and customs that are kept alive, and of Neuschwanstein and Hohenschwangau, the castles built by King Ludwig II of Bavaria. Lush pastures and green woodland are the keynotes of the scenery in the foothills of the Alps, with the steep limestone rock-faces of the main Alpine ridge appearing only on the horizon.

L'Allgäu, ce sont des collines et des montagnes, des chutes d'eau et des lacs, des prairies constellées de fleurs et des marécages, des pâturages et des chalets d'alpage, des églises baroques et des petites villes où il fait bon flâner, des stations thermales reposantes et des traditions vivantes ainsi que les châteaux de Louis II de Bavière, Neuschwanstein et Hohenschwangau. Les Préalpes de Bavière nous présentent leurs gras pâturages et leurs vertes forêts. A l'horizon se dresse la façade rocheuse de la crête des Alpes.

Tradition und Moderne, Laptop und Lederhose – von diesem nur scheinbaren Widerspruch lebt der „Mythos München". Ihr Oktoberfest eröffnen die Münchner jedes Jahr mit einem typisch bayerischen Festzug durch die Innenstadt zur Theresienwiese. Dabei passieren die Wies'n-Begeisterten auch die barocke Theatinerkirche (rechts) und die Feldherrnhalle (in der Hintergrundmitte), die 1841 bis 1844 von Friedrich von Gärtner nach dem Vorbild der Loggia dei Lanzi in Florenz erbaut wurde.

The "Munich myth" is nurtured by the apparent contradiction between tradition and modernity, laptops and lederhosen. Munich residents mark the opening of their annual Oktoberfest with a Bavarian procession through the city centre to the Theresienwiese. On the way, it passes through the Baroque Theatinerkirche (right) and the Feldherrnhalle, built between 1841 and 1844 by Friedrich von Gärtner and modelled on the Loggia dei Lanzi in Florence.

Tradition et modernité, laptop et culotte de peau – c'est de cette contradiction seulement apparente que vit le «mythe de Munich». Chaque année, les Munichois ouvrent leur Fête d'Octobre (la fête de la bière) par un cortège typiquement bavarois qui traverse le centre-ville pour se terminer à la Theresienwiese. Les fans des «Wies'n» defilent également à travers la Theatinerkirche datant du baroque (à droite) et la Feldherrenhalle (Portique des Maréchaux), construite de 1841 à 1844 par Friedrich von Gärtner qui s'inspira de la Loggia dei Lanzi à Florence.

Schleswig-Holstein

Fläche: 15 800 Quadratkilometer
Einwohner: 2,8 Millionen
Hauptstadt: Kiel (247 000 Einwohner)
Größere Städte: Lübeck (216 000 Einwohner), Flensburg (87 000), Neumünster (79 000), Norderstedt (75 000)

Geografisches: Die reizvolle Landschaft zwischen Nord- und Ostsee lockt viele Besucher auf die Nordfriesischen Inseln im Nationalpark Wattenmeer an der Westküste, in die hügelige Seenlandschaft der Holsteinischen Schweiz und in die bekannten Ostseebäder Timmendorf oder Damp. Auf halber Strecke zwischen Malta und dem Nordkap gelegen, ist Schleswig-Holstein durch die Ostsee mit Dänemark, Schweden, Finnland, Polen und den Ostseerepubliken Estland, Lettland und Litauen verbunden.
Das nördlichste Bundesland ist Motor der Ostseekooperation und Drehscheibe für die Länder rund um die Ostsee, die zu den Zukunftsregionen Europas gehören. Durch die Zusammenarbeit mit den Ostseeanrainerstaaten ist ein Netz von Partnerschaften mit Südschweden, West-Finnland, Südost-Norwegen, Estland, Danzig und Kaliningrad aufgebaut worden. In den zurückliegenden Jahren hat Schleswig-Holstein einen erfolgreichen Strukturwandel vollzogen und ist eine moderne Wirtschafts- und Technologieregion geworden. Neue und besonders zukunftsträchtige Beschäftigungsfelder wie die Umweltwirtschaft, Meeres-, Elektro- und Medizintechnik, Softwareentwicklung, Biotechnologie oder der boomende Telekommunikationsmarkt prägen inzwischen das wirtschaftliche Bild des Landes.
Geschichte: Die Geschichte Schleswig-Holsteins wurde von seiner engen Nachbarschaft zu Dänemark geprägt. 1460 schlug die Geburtsstunde Schleswig-Holsteins: In diesem Jahr wurde der Dänenkönig Christian I. zum Herzog von Schleswig und Holstein gewählt. Im Ripener Privileg garantierte er, dass beide Landesteile „Up ewich ungedeelt" bleiben sollten, eine heute noch viel zitierte Formel.
Weltgeschichte schrieb das Land 1918, als kurz vor dem Ende des Ersten Weltkriegs Tausende Matrosen der Kriegsmarine in Kiel für Frieden, Freiheit und Brot demonstrierten. Sie trugen damit zum Ende des wilhelminischen Kaiserreichs bei. Als Folge des Zweiten Weltkriegs wurde der preußische Staat aufgelöst, und durch Verfügung der britischen Militärregierung entstand im August 1946 das Land Schleswig-Holstein.
Ein besonderes Kennzeichen Schleswig-Holsteins ist seine kulturelle Vielfalt. Ein Heimatmuseum ist in jedem größeren Ort zu finden, und Schloss Gottorf genießt als Landesmuseum bundesweit einen besonderen Ruf. Anziehungspunkte sind auch das Freilichtmuseum Molfsee bei Kiel, in dem das Landleben vergangener Zeiten zu sehen und zu erleben ist, und das Museum auf dem Gelände der alten Wikingerstadt Haithabu.

Schleswig-Holstein

Area: 15,800 square kilometres
Population: 2.8 million
Capital: Kiel (population 247,000)
Principal cities: Lübeck (population 216,000), Flensburg (87,000), Neumünster (79,000), Norderstedt (75,000)

Geography: The delightful scenery between the North Sea and the Baltic attracts many visitors to the North Frisian islands in the Wattenmeer (mud-flats) national park on the west coast, to the hilly lake district known as Holstein Switzerland and to the well-known Baltic seaside resorts of Timmendorf and Damp. Situated half-way between Malta and the North Cape, the Baltic Sea links Schleswig-Holstein with Denmark, Sweden, Finland, Poland and the Baltic states Estonia, Latvia and Lithuania. The northernmost federal state is the motive force behind Baltic cooperation and a turntable for the Baltic littoral states, which are one of the up-and-coming regions of Europe. Cooperation with the Baltic littoral states has led to the building of a network of partnerships with southern Sweden, western Finland, south-east Norway, Estonia, Gdansk and Kaliningrad. In recent years Schleswig-Holstein has successfully completed a structural transformation to become a modern economic and technological region. The state's economic image is now stamped by employment fields such as environmental management, marine, electrical and medical engineering, software development, biotechnology and the booming telecommunication markets, all of which hold great promise for the future.
History: The history of Schleswig-Holstein has been shaped by its close proximity to Denmark. Schleswig-Holstein came into being in 1460, when Christian I, king of Denmark, was elected Duke of Schleswig and Holstein. In the charter of Ribe he guaranteed that both parts of the country were to remain "undivided in perpetuity," words which are still often quoted.
The state wrote world history in 1918, shortly before the end of the First World War, when thousands of sailors took to the streets of Kiel to demonstrate for peace, freedom and bread. By doing so, they helped to seal the fate of the Wilhelminian Reich. One of the consequences of the Second World War was the dissolution of the state of Prussia, and the state of Schleswig-Holstein came into being in August 1946 by proclamation of the British military government.
A particular feature of Schleswig-Holstein is its cultural variety. Every town of any size has a local history museum, and the Schloss Gottorf state museum in Schleswig has a countrywide reputation. Other attractions include the Molfsee open-air museum near Kiel, where visitors can see and feel what country life was like in days gone by, and the museum on the site of the old Viking settlement of Haithabu.

Le Schleswig-Holstein

Superficie: 15 800 kilomètres carrés
Nombre d'habitants: 2,8 millions
Capitale: Kiel (247 000 habitants)
Villes principales: Lubeck (216 000 habitants), Flensbourg (87 000), Neumunster (79 000), Norderstedt (75 000)

Géographie: Les charmes de cette région, située entre la Mer du Nord et la Baltique, attirent nombre de visiteurs sur les îles de la Frise septentrionale, dans le «Parc national Wattenmeer», qui s'étend le long de la côte ouest, dans la «Suisse du Holstein», contrée de lacs vallonnée, de même que dans les stations balnéaires bien connues de la Mer Baltique, telles Timmendorf ou Damp. À mi-chemin entre l'île de Malte et le Cap Nord, le Schleswig-Holstein est relié par la mer Baltique au Danemark, à la Suède, à la Finlande, à la Pologne et aux Républiques baltes que sont l'Estonie, la Lettonie et la Lituanie.
Cette province, aux confins nord de l'Allemagne, constitue le moteur de la coopération qui s'est instaurée entre les pays de l'Est balte, en même temps qu'elle est une plaque tournante pour les pays riverains de la Baltique qui font partie des régions d'avenir de l'Europe. Grâce à cette coopération, tout un réseau de relations basées sur le partenariat s'est tissé avec le sud de la Suède, l'ouest de la Finlande, le sud-est de la Norvège, l'Estonie, Gdansk et Kaliningrad. Au cours des années passées, les efforts entrepris par le Schleswig-Holstein afin de réformer ses structures, se sont vus couronnés de succès, ce qui a permis au Land de devenir une région économique moderne dotée de technologies de pointe. De nouveaux secteurs de l'emploi tout particulièrement prometteurs ayant trait à l'environnement, à la technique océanographique, à l'électrotechnique, à la technique médicale, au développement de logiciels, à la biotechnologie ou au marché des télécommunications – qui connaît actuellement un véritable boom – caractérisent entretemps l'image de marque de cette province au plan économique.
Histoire: L'histoire du Schleswig-Holstein porte l'empreinte de son étroit voisinage avec le Danemark. L'année 1460 marque la naissance de cette province: c'est en effet à cette date que Christian Ier, roi des Danois, fut élu duc de Schleswig et de Holstein. Dans le document dit «Ripener Privileg», il garantissait que les deux parties du pays resteraient «unies pour l'éternité», «Up ewich ungedeelt», selon la formule encore si souvent employée aujourd'hui.
En 1918, peu de temps avant la fin de la Première Guerre mondiale, se produisit un événement de portée internationale: des milliers de soldats de la marine de guerre manifestèrent à Kiel, réclamant la paix, la liberté et du pain. Ils contribuèrent ainsi à précipiter la chute de l'empire wilhelmien. La Seconde Guerre mondiale entraîna la dissolution de l'Etat prussien et c'est par décision du gouvernement britannique que fut créé, en août 1946, le Land de Schleswig-Holstein.
L'une des caractéristiques du Schleswig-Holstein est sa diversité culturelle. On y trouvera un musée d'histoire locale dans toutes les localités d'une certaine importance et le château de Gottorf, qui abrite le Musée régional, est renommé dans toute l'Allemagne. Parmi les sites particulièrement attrayants, on notera le Musée à ciel ouvert installé à Molfsee, près de Kiel, où l'on pourra découvrir la vie rurale des temps passés, mais aussi le Musée de Haithabu, aménagé à l'emplacement d'une ancienne ville des Vikings.

Hamburg

Fläche: 755 Quadratkilometer
Einwohner: 1,83 Millionen

Geografisches: Die Freie und Hansestadt Hamburg liegt an der Elbe und kann auch von großen Seeschiffen angelaufen werden. Der Fluss mit dem malerisch am Hang gelegenen Blankenese, den beeindruckenden modernen Hafenanlagen und der neugotischen Speicherstadt prägt bis heute das Gesicht der Metropole, die durch die im Herzen gelegene Außen- und Binnenalster zusätzlich begünstigt ist.
Geschichte: Das spätestens nach 810 gegründete Kastell Hammaburg hat der Stadt ihren Namen gegeben. Die Altstadt geht bis ins 9. Jahrhundert zuruck, als 834 das Bistum Hamburg entstand. Im 12. Jahrhundert kam auf Initiative der Schauenburger Grafen, der Landesherren in Holstein, die Neustadt hinzu. 1189 erhielt diese – nach späterer unsicherer Überlieferung – von Kaiser Friedrich Barbarossa Handels-, Zoll- und Schifffahrtsprivilegien auf der Niederelbe – die Geburtsstunde des Hamburger Hafens.
In der Städtegemeinschaft der Hanse erlangte Hamburg, das den Schauenburger Grafen landesherrliche Privilegien „abgekauft“ hatte, im 14. Jahrhundert eine entscheidende Bedeutung im Nord- und Ostseehandel. Seit 1415 wurde es vom Kaiser, seit 1510 auch vom Reichstag als Reichsstadt beansprucht, erlangte die volle Anerkennung der Reichsunmittelbarkeit aber erst 1768.
Im Innern wurde Hamburg seit Ausgang des 12. Jahrhunderts vom Rat regiert, dem vor allem Mitglieder von Kaufmannsfamilien angehörten. Der Hauptrezess von 1712 bestätigte nach jahrhundertelangen Kämpfen das gemeinschaftliche Stadtregiment von Rat und Erbgesessener Bürgerschaft.
Nach dem Zwischenspiel der französischen Besatzung (1806–1814) trat die Stadt 1815 der Staatenkonföderation des Deutschen Bundes bei. 1867 wurde sie Mitglied des von Preußen beherrschten Norddeutschen Bundes und 1871 Glied des neu gegründeten Deutschen Reiches. Diese Beitritte erfolgten kaum freiwillig. Hamburg war vielmehr gezwungen, sich mit dem übermächtigen Preußen, das seit 1866 das zuvor dänische Altona sowie die Nachbarstadt Harburg mit ihren Konkurrenzhäfen kontrollierte, zu arrangieren. 1888 wurde der hamburgische Staat, der nach der Reichsgründung Zollausland geblieben war, deutsches Wirtschaftsgebiet, der Hafen blieb als „Freihafen“ aber weiterhin Zollausland.
Nach der Novemberrevolution 1918 erhielt Hamburg eine demokratischere Verfassung. Die Stadt, die schon während der Kaiserzeit eine „rote Hochburg“ war, wurde während der Weimarer Republik und nach dem Zweiten Weltkrieg fast durchgängig von Sozialdemokraten regiert. Während der nationalsozialistischen Herrschaft erreichte Hamburg die seit Jahrzehnten angestrebte Vereinigung mit den konkurrierenden Nachbargemeinden. 1937 wurden die preußischen Städte Altona, Harburg-Wilhelmsburg und Wandsbek sowie Randgemeinden dem Hamburger Stadtgebiet zugeschlagen, das damit seine heutige Gestalt erhielt.

Hamburg

Area: 755 square kilometres
Population: 1.83 million

Geography: The Free and Hanseatic City of Hamburg is on the Elbe and can be reached even by large seagoing vessels. To this day the river, with picturesque Blankenese clinging to its hillside, impressive modern port facilities and the neo-Gothic Warehouse City free port area, is a hallmark of Hamburg; it also boasts a delightful city-centre lake, the Alster.
History: The city's name goes back to a fortress, Hammaburg, which was built in about 810. The Altstadt dates back to the 9th century, when in 834 Hamburg was set up as an episcopal see. In the 12th century it was joined by the Neustadt, which was built on the initiative of the counts of Schauenburg, the lords of Holstein. In 1189, the Neustadt is said to have been granted trading, customs and shipping privileges on the Lower Elbe by Emperor Frederick Barbarossa. True or false, that marked the beginnings of the Port of Hamburg.
In the 14th century Hamburg, having bought privileges of self-government from the counts of Schauenburg, became a key member of the Hanseatic League, with a leading role in North Sea and Baltic trade. From 1415 it was claimed by the Emperor, and from 1510 by the Reichstag as a Reichsstadt, but its status as a self-governing city within the empire wasn't fully acknowledged until 1768.
From the late 12th century Hamburg was ruled by a council consisting mainly of members of merchant families. In 1712, after centuries of struggle, an agreement was signed confirming that the city would be governed jointly by a council and a House of Burgesses on which local property owners sat.
After the intermezzo of French occupation from 1806 to 1814, Hamburg joined the German Confederation in 1815. In 1867 it joined the Prussian-led North German Confederation and in 1871 became a member of the newly-founded German Empire. It can hardly be said to have done so voluntarily. Hamburg had no choice but to come to terms with all-powerful Prussia, which controlled neighbouring Altona, taken over from Denmark in 1866, and Harburg – and their respective, competing ports. In 1888 Hamburg joined the German economic area, having stayed separate from the Reich for customs purposes since 1871, but the free port retained customs-free status.
After the November 1918 uprising the city was given a more democratic constitution. It had been considered a Red stronghold in the Kaiser's days. During the Weimar Republic and after the Second World War it was ruled almost without exception by Social Democrats. During the Third Reich it was merged with its neighbours and rivals. In 1937, the Prussian cities of Altona, Harburg-Wilhelmsburg and Wandsbek were transferred to Hamburg, as were other adjacent communities, giving the city its present size and shape.

Hambourg

Superficie: 755 kilomètres carrés
Nombre d'habitants: 1,83 million

Géographie: La Ville libre et hanséatique de Hambourg est située au bord de l'Elbe. Son port est accessible aux navires venus du monde entier. L'aspect de la ville est caractérisé par les collines de Blankenese surplombant l'Elbe, son port imposant et son quartier d'entrepôts néo-gothiques. Le cœur de la ville est constitué par un lac artificiel, l'Alster.
Histoire: La forteresse de Hammaburg, érigée après 810 au plus tard, donna son nom à la ville. L'évêché de Hambourg est fondé en 834. Au 12e siècle, les comtes de Schauenburg, gouverneurs du Holstein font construire la Ville neuve. Selon des sources historiques non authentifiées officiellement, celle-ci obtint, en 1189, de l'empereur Frédéric Ier Barberousse, certains privilèges en matière de commerce et de douane, lui permettant de s'adonner à la navigation maritime sur le cours inférieur de l'Elbe. Cela marque la naissance du port de Hambourg.
Au 14e siècle, son association avec les autres villes de la Hanse conféra à Hambourg – qui avait «acheté» aux comtes de Schauenburg, certains droits régaliens – une importance notoire pour ce qui est du commerce pratiqué avec les pays du Nord et de la Baltique. Dès 1415, elle fut déclarée ville impériale par l'empereur et, à partir de 1510, sollicitée en tant que telle par la Diète, mais elle n'obtint l'immédiateté impériale qu'en 1768.
Dès la fin du 12e siècle, Hambourg est gouverné par le Conseil, organe constitué en majeure partie de membres de familles de gros négociants de la ville. L'accord dit «Hauptrezess», signé en 1712, après des siècles de conflit, venait sceller la communauté de pouvoir désormais exercé par le Conseil et une Assemblée de citoyens de la ville, propriétaires de biens-fonds transmissibles par succession.
Après une courte occupation par les troupes françaises (1806–1814), la ville adhère à la Confédération germanique. En 1867, Hambourg devint membre de la Confédération de l'Allemagne du Nord, ligue dominée par la Prusse et, en 1871, partie intégrante de l'empire allemand, qui vient d'être créé. Ces rattachements sont acceptés de mauvaise grâce. Hambourg est en fait obligée de se plier à la volonté de la Prusse surpuissante qui, depuis 1866, contrôle Altona, auparavant province danoise ainsi que la ville voisine de Harburg, tous les deux ports concurrents. En 1888, l'Etat de Hambourg qui, après la fondation du Reich, avait conservé son statut d'exclave douanière, devint une région économique de l'Allemagne. Toutefois, le port demeura «territoire réputé étranger du point de vue douanier», en sa qualité de port franc.
Après la révolution de 1918, Hambourg se donne une constitution plus démocratique. La ville qui, durant l'Empire déjà, est une »forteresse rouge«, est gouvernée presque en permanence par les sociaux-démocrates. Durant la période nationale-socialiste, Hambourg parvient à se lier avec les communes voisines. En 1937, les communes d'Altona, Wilhelmsbourg, Harbourg et Wandsbek ainsi que quelques communes de la périphérie se rattachent à la ville de Hambourg, lui donnant sa physionomie actuelle.

Niedersachsen

Fläche: 47 614 Quadratkilometer
Einwohner: 7,9 Millionen
Hauptstadt: Hannover (533 000 Einwohner)
Größere Städte: Braunschweig (248 000 Einwohner), Osnabrück (164 000), Oldenburg (166 000), Göttingen (119 000)

Geografisches: Sonnenstrände und Skigebiete, Hochseeklima und Märchenflüsse, das alles zugleich bietet Niedersachsen. Es reicht von der Nordsee über die Lüneburger Heide und das Weserbergland bis zum Harz und liegt dort, wo die großen Nord-Süd- und West-Ost-Verkehrsachsen sich kreuzen: in der Mitte des neuen Europa. Das dünn besiedelte Land lässt der Natur viel Raum: 20 Prozent seiner Fläche sind als Naturparks geschützt.
Geschichte: Die niedersächsische Freiheit sei der Ausgangspunkt aller modernen Freiheitsbestrebungen in Europa, schrieb der Osnabrücker Publizist Justus Möser vor 200 Jahren. Schon im ersten Jahrtausend schufen die Sachsen hier den „Allthing", die erste Form von Demokratie auf deutschem Boden. Ihr Rechtssystem – aufgezeichnet im „Sachsenspiegel" – wurde bis nach Russland und Polen übernommen und blieb in Teilen Deutschlands bis ins Jahr 1900 gültig.
Das Sachsenreich, das von Westfalen und den Niederlanden bis an die Ostsee reichte, war kurzlebiger: Von Heinrich dem Löwen in blutigen Kreuzzügen weit nach Süden und Osten ausgedehnt, wurde es im Jahre 1180 von den deutschen Fürsten zerschlagen. Allein das heutige Niedersachsen wurde an 40 verschiedene Herrscher verteilt; der Name Sachsen wanderte danach ostwärts ins heutige Sachsen.
Erst 500 Jahre später machte die Region wieder europäische Geschichte, als Hannovers Kurfürst im Jahre 1714 König von England wurde. Als die „Personalunion" 123 Jahre später endete, bestanden auf niedersächsischem Gebiet nur noch vier Staaten: Braunschweig, Hannover, Oldenburg und Schaumburg-Lippe. Sie wurden später Länder des Deutschen Reiches und bildeten 1946 zusammen das Land Niedersachsen, das damit zum ersten Mal als territoriale Einheit existierte: Das zweitgrößte Land, in dem man heute das größte Automobilwerk Europas und die größten Industriemessen der Welt findet. Und 13 Universitäten, deren ehrwürdigste in Göttingen in den 1920er Jahren mit einem Dutzend Nobelpreisträgern als „Nabel der mathematischen Welt" galt. Ihre Freiheit ließen sich die Niedersachsen nie nehmen: Die deutsche Nationalhymne schrieb August Heinrich Hoffmann von Fallersleben, Helene Lange aus Oldenburg war um 1900 die Wortführerin der deutschen Frauenbewegung, Wilhelmshavener Matrosen läuteten 1918 mit ihrer Meuterei die Novemberrevolution ein. Quer denken und geradeaus handeln – diese Tradition zieht sich durch Niedersachsens Geschichte von Till Eulenspiegel über Gottfried Wilhelm Leibniz bis zu Hermann Löns, dem Urvater des Umweltschutzes, und ist mit Hannovers Rockgruppe „Scorpions" noch nicht zu Ende.

Lower Saxony

Area: 47,614 square kilometres
Population: 7.9 million
Capital: Hanover (population 533,000)
Principal cities: Brunswick (population 248,000), Osnabrück (164,000), Oldenburg (166,000), Göttingen (119,000)

Geography: Lower Saxony is a combination of sunny beaches and skiing resorts, maritime climate and fairy-tale rivers. It stretches from the North Sea across the Lüneburg Heath and the Weserbergland to the Harz Mountains and is situated where the great north-south and east-west traffic routes cross: in other words, at the very centre of the new Europe. The sparsely populated state leaves plenty of room to nature: 20 per cent of its area consists of protected nature reserves.
History: 200 years ago the Osnabrück writer Justus Möser wrote that the freedom of Lower Saxony was the starting point for all modern freedom struggles in Europe. Here in the first millennium AD the Saxons had already set up their "Allthing," the first form of democracy on German soil. Their system of justice, laid down in the "Sachsenspiegel," was adopted as far afield as Russia and Poland and was still in force in some parts of Germany as late as 1900.
However, the Saxon Reich, stretching from Westphalia and the Netherlands as far as the Baltic, was short-lived. Henry the Lion, in a series of bloody crusades, extended its territories far to the south and east, but in 1180 it was crushed by the German princes. Present-day Lower Saxony alone was divided up between forty different rulers, after which the name "Saxony" itself shifted eastwards to present-day Saxony.
It was not until 500 years later that the region once again made European history when in 1714 the Elector of Hanover became King of England. When this situation came to an end 123 years later, there were only four states left in Lower Saxony: Brunswick, Hanover, Oldenburg and Schaumburg-Lippe. Later they became states within the German Reich and in 1946 they joined together to form the state of Lower Saxony. It was the first time it had existed as a territorial entity. It is the second-largest German state and has the biggest automobile works in Europe and the world's largest trade fairs, not to mention thirteen universities. In the 1920s the most distinguished of these, Göttingen, was home to no less than a dozen Nobel laureates and became known as the "navel of the mathematical world."
The Lower Saxons never let themselves be robbed of their freedom: the German national anthem was written by August Heinrich Hoffmann von Fallersleben, while around 1900 Helene Lange from Oldenburg was the leader of the German women's movement and in 1918 the Wilhelmshaven sailors'mutiny heralded the November revolution. The tradition of rebellious thinking and straightforward action runs through the whole of Lower Saxon history, from Till Eulenspiegel to Gottfried Wilhelm Leibniz and Hermann Löns, the forefather of environmentalism. The Hanover rock group The Scorpions are making sure it continues.

La Basse-Saxe

Superficie: 47 614 kilomètres carrés
Nombre d'habitants: 7,9 millions
Capitale: Hanovre (533 000 habitants)
Villes principales: Brunswick (248 000 habitants), Osnabruck (164 000), Oldenbourg (166 000), Göttingen (119 000)

Géographie: Plages ensoleillées et stations de ski, climat maritime et fleuves légendaires: la Basse-Saxe offre tout à la fois. Elle va de la Mer du Nord jusqu'aux montagnes du Harz, englobe les Landes de Lunebourg et le Weserbergland et se trouve à l'intersection des grands axes de circulation nord-sud et est-ouest: au cœur même de la nouvelle Europe. Ce pays à faible densité de population laisse à la nature une place de choix: 20 pour cent de sa superficie ont été déclarés sites naturels protégés.
Histoire: La liberté qu'obtint la Basse-Saxe fut le point de départ de toutes les aspirations libératrices des temps modernes en Europe, écrivait Justus Möser, publiciste originaire d'Osnabruck, il y a 200 ans. Dès le 1er millénaire de notre ère, les Saxons y etablirent le «Allthing», qui est la première forme de démocratie étant apparue sur le sol allemand. Leur système juridique, codifié dans le «Sachsenspiegel», fut repris même en Russie et en Pologne et fit autorité dans certaines parties de l'Allemagne jusqu'en 1900. Le royaume de Saxe, qui s'étendait de la Westphalie et des Pays-Bas jusqu'à la mer Baltique fut de courte durée: arrondi par Henri Le Lion, dans la foulée de sanglantes croisades, et s'étendant loin vers le sud et l'est, il fut demantelé en 1180 par les princes allemands. La Basse-Saxe dans sa configuration actuelle fut divisée et attribuée à plus de 40 souverains différents. Le nom de Saxe émigra vers l'est, là où se trouve la Saxe aujourd'hui.
Ce n'est que 500 ans plus tard que cette région fit de nouveau son entrée dans l'histoire européenne lorsque le prince de Hanovre devint roi d'Angleterre, en 1714. Et, quand l'«Union personnelle» prit fin 123 ans plus tard, il n'existait plus que quatre Etats sur le territoire de la Basse-Saxe: Brunswick, Hanovre, Oldenbourg et Schaumburg-Lippe. Ceux-ci furent par la suite, intégrés à l'empire allemand et leur réunion, en 1946, en fit le Land de Basse-Saxe, qui, pour la première fois dans son histoire constituait une entité territoriale: le deuxième Land de la République fédérale pour ce qui est des dimensions, celui où se trouve la plus grande usine de construction automobile d'Europe et où ont lieu les plus grandes foires industrielles du monde, sans oublier ses treize universités, dont la doyenne, Göttingen, a vu sortir, dans les années vingt, plus d'une douzaine de prix Nobel. Les habitants de la Basse-Saxe ont toujours eu à cœur de défendre leurs libertés: August Heinrich Hoffmann von Fallersleben ecrivit l'hymne national allemand. Hélène Lange, originaire d'Oldenbourg, se fit le porte-parole du mouvement féministe allemand à la fin du 19e siècle, les soldats de l'infanterie de marine du port de Wilhelmshaven déclenchèrent, par leur mutinerie, la Révolution de Novembre, en 1918. «Penser de travers mais agir droitement», cette tradition se retrouve à toutes les époques de l'histoire de la Basse-Saxe, chez Till Eulenspiegel, mais aussi chez Gottfried Wilhelm Leibniz, ainsi que chez Hermann Löns, l'ancêtre de la protection de l'environnement, et chez les «Scorpions», un groupe de musique rock de Hanovre.

Bremen

Fläche: 419 Quadratkilometer
Einwohner: 678 000
Hauptstadt: Bremen (566 000 Einwohner)
Weitere Stadt: Bremerhaven (113 000 Einwohner)

Geografisches: Die Freie Hansestadt Bremen, das kleinste Land der Bundesrepublik, besteht aus den beiden an der Wesermündung gelegenen Städten Bremen und Bremerhaven, die durch 60 Kilometer niedersächsisches Gebiet voneinander getrennt sind. Bremerhaven hat sich zu einem bedeutenden Fischereihafen entwickelt.
Geschichte: Das 787 als Bischofsstadt gegründete Bremen hat sich durch alle Wechselfälle der deutschen Geschichte weitgehend seine Unabhängigkeit bewahren können. Die Entwicklung der Stadt ist durch Hafen und Schifffahrt entscheidend geprägt. 965 bildete sich eine Kaufmannsgilde, und schon vor dem Beitritt Bremens zur Hanse 1358 trieb man von der Weser aus regen Handel zwischen Norwegen und dem Mittelmeer. Innerhalb des hansischen Städtebundes, der vom 14. bis zum 16. Jahrhundert den Handelsverkehr im Nord- und Ostseeraum beherrschte, hatte Bremen neben Hamburg und Lübeck eine bedeutende Position inne. Im 18. Jahrhundert begann die Blütezeit des Ostasien- und Amerikahandels, und im 19. Jahrhundert war Bremen ein wichtiger Auswandererhafen.
Nach der Auflösung des Heiligen Römischen Reiches Deutscher Nation (1806) gelang es dem damals regierenden Bürgermeister Johann Smidt, die Unabhängigkeit der Freien Stadt Bremen im Deutschen Bund zu sichern. Smidt war es auch, der 1827 von Hannover einen Weseruferstreifen erwarb, aus dem das spätere Bremerhaven hervorging. Nach der Gründung des Deutschen Reichs 1871 wurde Bremen Bundesstaat mit der verfassungsrechtlich festgelegten Bezeichnung Freie Hansestadt Bremen. Anders als Hamburg und Lübeck konnte Bremen diesen Titel auch während der nationalsozialistischen Herrschaft bewahren, es wurde aber 1933 mit Oldenburg zur Reichsstatthalterschaft vereinigt. Bremerhaven wurde 1939 dem preußischen Wesermünde zugeschlagen, das Hafengelände jedoch blieb bremisches Gebiet.
Die amerikanischen Besatzer, die zum Jahreswechsel 1946/47 die Briten ablösten, proklamierten noch 1947 das Land Bremen, das auch mit Gründung der Bundesrepublik Deutschland als Freie Hansestadt Bestand hatte. Seine Rolle als Hafenumschlagplatz hat das Land Bremen bis in die Gegenwart bewahrt.
Ein durchgreifender Strukturwandel sorgte zugleich für die Ansiedlung von Großunternehmen anderer Branchen sowie für die Entstehung kleiner und mittlerer Betriebe mit innovativem Programm. Heute sieht Bremen seine Zukunft in der Kombination von Außenhandel, Dienstleistungen und Hightech-Industrien.

Bremen

Area: 419 square kilometres
Population: 678,000
Capital city: Bremen (population 566,000)
Further city: Bremerhaven (population 113,000)

Geography: The Free Hanseatic City of Bremen, the smallest state of the Federal Republic of Germany, consists of the two cities Bremen and Bremerhaven, both of which are situated in the delta of the Weser, and separated by 60 kilometres of territory belonging to Lower Saxony. Bremerhaven has developed into an important fishing port.
History: Bremen, which was founded in 787 as an episcopal see, was largely able to ensure its independence throughout the ups and downs of German history. The development of the city was mainly influenced by its port and ships. In 965, a commercial guild was constituted, and long before Bremen became a member of the Hanseatic League in 1358, trading was brisk, ranging from Weser to Norway and the Mediterranean. Within the union of the Hanseatic cities, which was predominant in the commercial trade in the North Sea and Baltic regions in the 14th to the 16th century, Bremen was, besides Hamburg and Lübeck, in a position of importance. The 18th century was one of prosperity due to commerce with America and the Far East, and, in the 19th century, Bremen was an important emigration port.
After the liquidation of the Holy Roman Empire of the German Nation (1806), the burgomaster in office at the time, Johann Smidt, successfully ensured the independence of the Free City of Bremen in the German Alliance. It was also Smidt's merit to have acquired a strip of the banks of the Weser from Hanover. This strip was later to develop into the city of Bremerhaven. After the foundation of the German Reich in 1871, Bremen became a federal state with the constitutionally laid down title Free Hanseatic City of Bremen. Unlike Hamburg and Lübeck, Bremen was able to retain this title even during the National Socialist era, but nonetheless, in 1933, it was associated with Oldenburg as an administrative region. In 1939, Bremerhaven was absorbed by the Prussian Wesermünde, but the port itself remained part of Bremen.
In 1947, the US occupying forces, who succeeded the British at the end of 1946, proclaimed the state of Bremen, and this state continued to exist in the Federal Republic of Germany as a Free Hanseatic City. Even today, Bremen is a port of transshipment. At the same time comprehensive structural changes have encouraged relocation of big companies from other branches of industry as well as the emergence of small and medium-sized firms with innovatory ideas. Nowadays Bremen sees its future in a combination of foreign trade and of service and high-tech industries.

Brême

Superficie: 419 kilomètres carrés
Nombre d'habitants: 678 000
Capitale: Brême (566 000 habitants)
Autre ville: Bremerhaven (113 000 habitants)

Géographie: La Ville libre et hanséatique de Brême est en même temps le plus petit Land de la République fédérale d'Allemagne. Brême et Bremerhaven sont situées à l'embouchure de la Weser et séparées l'une de l'autre par une bande de terre appartenant à la Basse-Saxe. Il y a 60 kilomètres de Brême à Bremerhaven. Bremerhaven est aujourd'hui l'un des ports de pêche les plus importants.
Histoire: La Ville de Brême est fondée en 787 en tant que ville épiscopale. Malgré tous les changements intervenus dans l'histoire allemande, elle a su garder son autonomie jusqu'à ce jour. Son histoire est surtout marquée par la mer. Une association de commerçants voit le jour en 965 et s'avère très active bien avant l'adhésion à la Hanse en 1358. Ces activités s'étendent de la Norvège à la Méditerranée. Dans la Hanse du 14e au 16e siècle, Brême joue un rôle très important à côté de Hambourg et Lubeck. Son commerce avec l'Asie orientale et l'Amérique commence à s'epanouir au 18e siècle. Le siècle suivant fait de Brême le point de départ le plus important des émigrants quittant l'Europe.
Après la dissolution du Saint-Empire romain germanique en 1806, le bourgmestre Johann Smidt garantit à Brême son autonomie au sein de la confédération germanique. C'est également lui qui, en 1827 acquit un morceau de territoire de la Basse-Saxe qui deviendra plus tard la ville de Bremerhaven. Après la fondation de l'Empire allemand en 1871, Brême devient un Etat portant le nom officiel de Ville libre et hanséatique. Elle garde ce titre même durant la période du national-socialisme, ce qui n'est pas possible aux villes de Hambourg et de Lubeck. Elle est par contre réunie à Oldenbourg en 1933 et devient district assujetti au Reich. En 1939, Bremerhaven devient prussienne avec Wesermünde, exception faite de l'aire portuaire qui reste brêmoise.
Après la Seconde Guerre mondiale, les occupants américains qui remplacent les Anglais à la fin de l'année 1946/début 1947 donnent à Brême le titre de Land tout en lui conservant celui de Ville libre et hanséatique. Tout comme autrefois, la ville est un des centres portuaires de l'Allemagne. Une reconversion structurelle radicale permit l'implantation de grandes entreprises issues d'autres branches et la création de petites et moyennes entreprises ayant inscrit l'innovation à leur programme. L'avenir de Brême repose aujourd'hui sur cette combinaison de commerce extérieur, de prestations de services et de technologie de pointe.

Mecklenburg-Vorpommern

Fläche: 23 210 Quadratkilometer
Einwohner: 1,6 Millionen
Hauptstadt: Schwerin (96 000 Einwohner)
Größere Städte: Rostock (207 000 Einwohner), Neubrandenburg (64 000), Greifswald (58 000), Stralsund (59 000)

Geografisches: Mit 71 Einwohnern pro Quadratkilometer ist Mecklenburg-Vorpommern das am dünnsten besiedelte Land. Es besitzt mit der zergliederten Ostseeküste und der Seenplatte reizvolle Erholungslandschaften. Die Städte erhalten durch die vielen noch erhaltenen Backsteingotik-Bauten ihr reizvolles Gepräge.
Geschichte: Mecklenburg hat seinen Namen vermutlich von der Mikilinborg, der „großen Burg", erhalten, in der der Slawenfürst Niklot im 12. Jahrhundert residierte. Sein Sohn Pribislaw war es, der sich 1167 mit dem Sachsenherzog Heinrich dem Löwen versöhnte und zum Stammvater des mecklenburgischen Herrscherhauses wurde, das bis 1918 – allerdings durch Erbteilung zersplittert – das Land regierte.
Bei Heinrichs Einzug hatte die deutsche Ostkolonisation in dem seit dem 7. Jahrhundert von slawischen Stämmen besiedelten Gebiet schon begonnen, allerdings auch im Jahr 983 durch den Slawenaufstand einen schweren Rückschlag erlitten. Im 13. Jahrhundert kam es zu vielen Stadtgründungen, und im 14. Jahrhundert erlebten die Ostseestädte, die dem „wendischen Quartier" der Hanse angehörten, eine Blütezeit. Für die mecklenburgische Geschichte stellt das Ende des Dreißigjährigen Krieges 1648 einen Einschnitt dar: Schweden annektierte für Jahrzehnte fast die gesamte Küstenregion.
Ab 1701 gab es nur noch zwei mecklenburgische Fürstentümer: Mecklenburg-Schwerin und Mecklenburg-Strelitz. Die Region war zu diesem Zeitpunkt aber schon in ihrer Entwicklung zurückgeblieben, nicht zuletzt deshalb, weil die Herzöge sich, von Erbauseinandersetzungen geschwächt, gegen die Landstände nicht durchsetzen konnten. Ab dem 16. Jahrhundert hatte sich die Ritterschaft das Recht herausgenommen, von Bauern zur Pacht überlassenes Land zurückzufordern, und länger als anderswo – bis 1820 – bestand hier die Leibeigenschaft. Eine Verfassung erhielt Mecklenburg erst nach dem Ende der Fürstenherrschaft 1918. Zuvor hatten etwa 1000 Mecklenburger – nicht gewählte Vertreter der Ritterschaft, die Bürgermeister der Städte und die Herzöge, die fast die Hälfte des Gebiets als Domanium direkt verwalteten – über die Geschicke des Landes bestimmt.
Nach dem Zwischenspiel einer parlamentarischen Demokratie erhielten die Nationalsozialisten bei den Landtagswahlen 1932 knapp die absolute Mehrheit und bildeten noch vor der Machtübernahme Hitlers im Reich die Landesregierung. Nach 1945 gehörte Mecklenburg zur sowjetischen Besatzungszone, später zur DDR, in der das Land jedoch nur bis zur Gebietsreform 1952 Bestand hatte. 1990 wurde Mecklenburg im Verbund mit Vorpommern als Land wiederhergestellt.
Vorpommern, der westlich der Oder gelegene kleinere Teil Pommerns, spiegelt weitgehend die historische Entwicklung ganz Pommerns wider. Im 18. Jahrhundert kam der südliche Teil Vorpommerns mit ganz Hinterpommern zu Preußen, erst nach dem Ende der Napoleonischen Kriege 1815 erhielt Preußen den nördlichen Teil einschließlich Rügens dazu.

Mecklenburg-West Pomerania

Area: 23,210 square kilometres
Population: 1.6 million
Capital: Schwerin (population 96,000)
Principal cities: Rostock (population 207,000), Neubrandenburg (64,000), Greifswald (58,000), Stralsund (59,000)

Geography: With 71 inhabitants per square kilometre, Mecklenburg-West Pomerania is the state with the lowest population density. With its indented Baltic coast and the plateau of lakes, it offers lovely recreational areas. The cities are characterized by their Gothic redbrick buildings.
History: Mecklenburg probably derives its name from the Mikilinburg, the great castle, in which Niklot, prince of Slavs, resided in the 12th century. It was his son Pribislav who made peace with the Saxon duke Henry the Lion in 1167 and who was to become the progenitor of the dynasty of rulers of Mecklenburg, which – though divided through inheritance – ruled the state until 1918.
When Henry arrived on the scene German colonisation of the East, where Slavonic tribes had settled since the 7th century, was well under way despite the setback of a Slav uprising in 983. Many cities were founded in the 13th century, and in the 14th century, the cities of the Baltic coast region which belonged to the "Wendish quarter" of the Hanseatic League experienced a period of prosperity. The end of the Thirty Years' War in 1648 represents an incision in the history of Mecklenburg: for decades the coastal region was almost completely annexed by the Swedes.
In 1701, only two duchies had survived in Mecklenburg: Mecklenburg-Schwerin and Mecklenburg-Strelitz. But at this point, the region was already behind the general standard of development, one cause of which was that the dukes, weakened by hereditary struggles, were unable to enforce their position against the landed gentry. Commencing with the 16th century, the knights took the liberty of reclaiming land which had been leased to the peasants, and here serfdom existed longer than elsewhere in the area – until 1820. At last, in 1918, Mecklenburg was endowed with a constitution after the sovereignty of the dukes had come to an end. Before, about a thousand citizens of Mecklenburg, consisting of non-elected knights, burgomasters of the cities, and the dukes, who administered almost half of the region as their dominions, had the say in their state.
Following a short period of parliamentary democracy, the National Socialists were elected with an almost absolute majority in 1932 and thus constituted the state government even before Hitler's seizure of power in the Reich. After 1945, it belonged to the Soviet occupied zone, later to the GDR, but as a state it existed only until 1952. In 1990, Mecklenburg in conjunction with West Pomerania was re-established as a state.
West Pomerania, which is the smaller part of Pomerania to the west of the Oder, largely reflects the history of Pomerania as a whole. In the 18th century, the southern part of West Pomerania and the whole of East Pomerania were ceded to Prussia, and only after the end of the Napoleonic wars in 1815 did Prussia acquire the northern part including Rügen.

Le Mecklembourg-Poméranie occidentale

Superficie: 23 210 kilomètres carrés
Nombre d'habitants: 1,6 million
Capitale: Schwerin (96 000 habitants)
Villes principales: Rostock (207 000 habitants), Neubrandebourg (64 000), Greifswald (58 000), Stralsund (59 000)

Géographie: Son chiffre de 71 habitants par kilomètre carré fait du Land de Mecklembourg-Poméranie occidentale le moins peuplé de tous les Etats allemands. Avec ses plages longeant la Baltique et ses régions de lacs, il possède des lieux de villégiature charmants. Les villes sont caractérisées par leurs édifices gothiques en briques.
Histoire: On suppose que le nom de Mecklenbourg a pour origine «Mikilinborg», la «grande forteresse» dans laquelle résidait le prince slave Niklot au 12e siècle. Son fils Pribislaw se réconcilia en 1167 avec le Duc de Saxe, «Henri le Lion» et devint père de la lignée qui – divisée à la suite de partages d'héritages – régna sur le Mecklembourg jusqu'en 1918.
La colonisation allemande des pays de l'Est, habités par des tribus slaves depuis le 7e siècle, avait déjà commencé quand «Henri le Lion» fit son entrée, mais elle essuya pourtant de cruels revers en 983 lors du soulèvement des Slaves. Le 13e siècle est marqué par la fondation d'un grand nombre de villes et au 14e siècle, les villes des Wendes sur les bords de la Baltique, qui font également partie de la Hanse, sont très florissantes. En 1648, la fin de la Guerre de Trente Ans représente une coupure dans l'histoire du Mecklembourg puisque la Suède annexe presque toute la région côtière pendant plusieurs décennies.
En 1701, il n'existe plus que deux duchés dans le Mecklembourg, à savoir Mecklembourg-Schwerin et Mecklembourg-Strelitz. À cette époque, l'évolution du pays a déjà souffert d'un certain retard dû en partie au fait que les ducs, affaiblis par leurs querelles d'héritage, ne réussissent pas à s'affirmer face aux autorités du Land. Dès le 16e siècle, les chevaliers s'arrogent le droit de reprendre les terres affermées aux paysans et bien plus longtemps qu'ailleurs, c'est-à-dire jusqu'en 1820, le droit de servage subsiste toujours. Mecklembourg n'a droit à une constitution qu'en 1918, soit à la fin de la domination des princes. Auparavant, le destin du pays était aux mains d'environ 1000 citoyens du Mecklembourg, représentants non élus de la Chevalerie, des bourgmestres des villes et des ducs, qui administrent directement presque la moitié du pays en tant que domaine.
Après l'intermède d'une démocratie parlementaire, les nationaux-socialistes obtiennent de justesse lors des élections à l'Assemblée en 1932 une majorité absolue et constituent le gouvernement peu avant la prise du pouvoir par Hitler au sein du Reich. Après 1945, le Mecklembourg fait partie de la zone d'occupation soviétique d'Allemagne. Il n'existe cependant en tant que Land que jusqu'en 1952, date de la réforme territoriale. Réuni à la Poméranie occidentale, le Mecklembourg redevient un Land en 1990.
La Poméranie occidentale, petite partie de la Poméranie située à l'Ouest de l'Oder, reflète largement l'évolution de l'ensemble de la Poméranie. Au 18ème siècle, le sud de la Poméranie occidentale revient avec tout l'arrière-pays de la Poméranie à la Prusse.
Ce n'est qu'à la fin de l'ère napoléonienne, en 1815, que le nord de cette région comprenant également Rügen, revient aussi à la Prusse.

Brandenburg

Fläche: 29 654 Quadratkilometer
Einwohner: 2,5 Millionen
Hauptstadt: Potsdam (171 000 Einwohner)
Größere Städte: Cottbus (100 000 Einwohner), Brandenburg (72 000), Frankfurt/Oder (58 000), Eisenhüttenstadt (26 000)

Geografisches: Brandenburg grenzt im Osten an Polen und umschließt Berlin. Ein steter Wechsel zwischen trockenen, sandig-lehmigen Erhebungen und feuchten, tief gelegenen, zum Teil vermoorten Talebenen mit zahlreichen Seen und Trockenlegungen charakterisiert Brandenburg mit den Landschaften Prignitz, Uckermark, Ruppin, Havelland, Mittelmark, Neumark, Fläming und Niederlausitz.
Geschichte: Nach mehreren vergeblichen Versuchen, das seit dem 7. Jahrhundert von heidnischen Slawen besiedelte Land dem christlichen Fränkischen Reich einzugliedern, gelang es dem Askanier Albrecht dem Bären im 12. Jahrhundert, das Gebiet für die deutsche Ostsiedlung zu erschließen. Nach dem Aussterben der Askanier 1320 stand Brandenburg unter der Herrschaft der Wittelsbacher und später der Luxemburger, die das Gebiet vernachlässigten.
Mit der Belehnung der Mark Brandenburg an die Hohenzollern 1419 begann ein neuer Abschnitt: Die folgenden 500 Jahre hatte dieses Geschlecht – als Kurfürsten von Brandenburg, Könige von Preußen und deutsche Kaiser – die Herrschaft inne. Zielstrebig baute Brandenburg zunächst sein Territorium aus und gewann durch Erbschaft Anfang des 17. Jahrhunderts unter anderem das Herzogtum Preußen hinzu. Im Dreißigjährigen Krieg (1618–1648) wurde es schwer verwüstet, der Westfälische Frieden brachte jedoch erneuten territorialen Zugewinn. Der damals regierende Friedrich Wilhelm I., der Große Kurfürst, erließ das Potsdamer Edikt. Danach wurde den aus Frankreich geflüchteten Hugenotten eine Reihe von „Rechten, Privilegien und anderen Wohltaten“ garantiert. Dazu gehörten die vollen Bürgerrechte und eine kostenfreie Aufnahme in die Zünfte. Die Niederlassung und Religionsfreiheit wurden durch Privilegien gesichert. Über 300 000 Menschen, darunter 20 000 Hugenotten, 20 000 Salzburger, 7000 Pfälzer, 7000 Schweizer und 5000 Böhmen, kamen in der Folgezeit nach Brandenburg und trugen mit ihren Kenntnissen und Fähigkeiten entscheidend zum Aufbau des Landes bei. Inbegriff des Preußentums ist Friedrich II., der Große, König von 1740 bis 1786. Er schuf einen straff organisierten Beamtenstaat, förderte Handel und Gewerbe, aber auch Kunst und Wissenschaften. Zugleich beendete er eine längere Friedenszeit, indem er den Anspruch auf das zu Österreich gehörende Schlesien kriegerisch durchzusetzen versuchte. Fremde Truppen besetzten vorübergehend Berlin, Preußen jedoch wurde als Großmacht anerkannt. Nach der Niederlage Preußens gegen die napoleonische Armee 1806 blieb Brandenburg Kernland des verkleinerten Preußen, 1815 erhielt es den Status einer preußischen Provinz. Auf die Gleichschaltung durch die Nationalsozialisten und die deutsche Niederlage im Zweiten Weltkrieg folgte 1947 die Auflösung des Staates Preußen durch die Siegermächte. Die Provinz hieß vorübergehend „Land Mark Brandenburg“, wurde aber 1952 bei der Gebietsreform von der DDR-Regierung in Bezirke aufgegliedert. 1990 wurde das Land Brandenburg – in veränderten Grenzen – wiederhergestellt.

Brandenburg

Area: 29,654 square kilometres
Population: 2.5 million
Capital: Potsdam (population 171,000)
Principal cities: Cottbus (population 100,000) Brandenburg (72,000), Frankfurt/Oder (58,000), Eisenhüttenstadt (26,000)

Geography: Brandenburg borders on Poland to the east and surrounds Berlin. A continual contrast between dry, sand- and loam-covered hillocks and damp, low-lying valley plains with numerous lakes and drained areas is characteristic of Brandenburg and its districts of Prignitz, Uckermark, Ruppin, Havelland, Mittelmark, Neumark, Fläming and Niederlausitz.
History: After several futile attempts to incorporate the area, which had been settled by heathen Slavs since the 7th century, into the Christian Franconian realm, it was the achievement of the Ascanian Albrecht the Bear to open it up to German settlement. After the decline of the Ascanians in 1320, Brandenburg was administered by the Wittelsbachs, and later by the house of Luxembourg, who tended to neglect the region.
Commencing with the feudal tenure of the March of Brandenburg by the dynasty of Hohenzollern in 1419, a new era was initiated. This dynasty was to rule for the ensuing five centuries – as electors of Brandenburg, kings of Prussia, and emperors of Germany. Brandenburg systematically enlarged its territory and, by way of inheritance in the early 17th century, acquired, among others, the region of the Duchy of Prussia.
In the Thirty Years' War, 1618–1648, Brandenburg was heavily pillaged, but the Treaty of Westphalia once again helped to enlarge its territory. The ruler of the time, Friedrich Wilhelm I, the Great Elector, issued the Edict of Potsdam, guaranteeing the Huguenots who had fled from France a series of "rights, privileges and other benefits." In the years that followed over 300,000 people, among them 20,000 Huguenots, 20,000 Salzburgers, 7,000 inhabitants of the Palatinate, 7,000 Swiss and 5,000 Bohemians came to Brandenburg and employed their wide range of knowledge and skills in making a decisive contribution to the state's development.
The incarnation of Prussian character is Friedrich II the Great, king from 1740 to 1786. He created the strictly organized civil service state and furthered trade and commerce as well as the arts and sciences. At the same time he put an end to a longer period of peace by attempting to forcefully take Silesia, which at the time belonged to Austria. Berlin was temporarily occupied by foreign troops. Prussia, however, was accepted as a politically great power. After Prussia had lost to Napoleon's army in 1806, Brandenburg was still the heartland of a diminished Prussia, and in 1815 gained the status of a Prussian province. After having been brought in line by the National Socialists and following the defeat of the Germans in the Second World War, the state of Prussia was disbanded by the Allies. The province was temporarily named the March of Brandenburg, but in 1952 it was split up into several regions in the course of an administrative reform by the GDR government. In 1990, Brandenburg was re-established, with slightly altered borders.

Le Brandebourg

Superficie: 29 654 kilomètres carrés
Nombre d'habitants: 2,5 millions
Capitale: Potsdam (171 000 habitants)
Villes principales: Cottbus (100 000 habitants) Brandebourg (72 000), Francfort-sur-l'Oder (58 000), Eisenhüttenstadt (26 000)

Géographie: Le Brandebourg est limité, à l'est, par la Pologne et entoure Berlin. Une alternance ininterrompue de petites collines à la terre sèche, sableuse ou argileuse et de plaines en partie marécageuses s'étendant dans le creux de vallées agrémentées de nombreux lacs, caractérise le Brandebourg et les régions de Prignitz, d'Uckermark, de Ruppin, de Havelland, de Mittelmark, de Neumark, Fläming et de Niederlausitz.
Histoire: Au 7e siècle, toute la région est habitée par des Slaves païens. Après plusieurs tentatives faites pour annexer le pays à l'empire chrétien des Francs, l'Ascanien Albrecht l'Ours réussit à coloniser les territoires de l'Est. Après la disparition de la dynastie ascanienne en 1320, le Brandebourg passe aux Wittelsbach et plus tard à la maison de Luxembourg, qui négligèrent cette région.
Après l'attribution du margraviat de Brandebourg aux Hohenzollern en 1419 une nouvelle ère commence qui durera 500 ans. La famille de Hohenzollern est le berceau des électeurs de Brandebourg, des rois de Prusse et des empereurs allemands. Le Brandebourg agrandit son territoire. Il se voit attribuer, à titre d'héritage, le Duché de Prusse au début du 17e siècle.
Durant la guerre de Trente ans, de 1618 à 1648, le pays est terriblement ravagé. Pourtant, le Traité de Westphalie lui rend des territoires. Frédéric Guillaume Ier, le Grand Electeur régnant à l'époque, promulgua l'Edit de Potsdam. Celui-ci garantissait aux huguenots ayant fui hors de France, une série de «droits, privilèges et autres bienfaits». Parmi ces derniers, tous les droits du citoyen ainsi que l'admission gratuite au sein des corporations. Plus de 300 000 personnes, dont 20 000 huguenots, 20 000 Salzbourgeois, 7000 Palatins, 7000 Suisses et 5000 ressortissants de Bohême vinrent s'installer dans le Brandebourg au cours des années qui suivirent et, grâce à leurs connaissances et leurs capacités en tous genres, contribuèrent, dans une large mesure, à l'essor du pays.
Les qualités prussiennes sont incarnées par Frédéric II le Grand, roi de 1740 à 1786. Il crée un état de fonctionnaires bien organisé et favorise le commerce ainsi que l'art et les sciences. Il met en même temps fin à une longue période de paix en cherchant à annexer la Silésie, alors province autrichienne. Bien que Berlin soit occupé par des troupes étrangères pendant une courte période, la Prusse est reconnue partout comme une grande puissance. Après la défaite infligée par l'armée de Napoléon en 1806, le Brandebourg reste le noyau d'une Prusse amenuisée. En 1815, il reçoit le statut de province prussienne. À la suite de l'uniformisation par le pouvoir national-socialiste et de la défaite allemande de la Seconde Guerre mondiale, l'Etat de Prusse disparaît en 1947. La province dite »Mark-Brandebourg« est divisée en différents districts lors de la restructuration de la RDA en 1952. En 1990, le Brandebourg est recréé avec de nouvelles frontières.

Berlin

Fläche: 892 Quadratkilometer
Einwohner: 3,6 Millionen

Geografisches: In einem eiszeitlichen Urstromtal gelegen, wird Berlin von der Havel und der Spree durchflossen und verfügt daher im Stadtgebiet über zahlreiche natürliche Erholungsgebiete. Infolge der Zerstörung im Zweiten Weltkrieg, der anschließenden Abrisspolitik und vor allem des Mauerbaus lagen lange Zeit im Herzen der Stadt weite Flächen brach, die nun wieder bebaut werden. Es gibt zwei Zentren: um den Kurfürstendamm im Westen und um die Prachtstraße Unter den Linden im Osten.
Geschichte: Berlin ist relativ jung; offizielles Gründungsjahr der Doppelstadt Berlin-Cölln ist 1237. Im 14. Jahrhundert entwickelte sich die Stadt aufgrund ihrer natürlichen Lage an der Spreemündung zu einem bedeutenden Handelsplatz und spielte politisch wie ökonomisch eine herausragende Rolle in der Mark Brandenburg. Zwar verlor Berlin im 15. Jahrhundert diese wirtschaftliche Stellung, es wurde aber Residenz der in Brandenburg – später Preußen – regierenden Hohenzollern. Unter König Friedrich II. (Regierungszeit: 1740–1786) erlebte Berlin als Hauptstadt Preußens eine erneute Blütezeit; die Einwohnerzahl wuchs auf 150 000.
Mit der Ernennung zur Reichshauptstadt 1871 begann eine neue Epoche. Berlin wuchs während der Kaiserzeit zum politischen und kulturellen Zentrum des Reichs heran, auch wenn es insofern eine besondere Entwicklung nahm, als hier die Arbeiterbewegung besonders stark war. Mit der Abdankung des Kaisers zum Ende des Ersten Weltkriegs kulminierten in Berlin die sozialen Auseinandersetzungen, unter anderem im kommunistischen Spartakusaufstand, der im Januar 1919 niedergeschlagen wurde. 1920 wurde die Stadtgemeinde Berlin durch Angliederung von mehreren Kleinstädten und Landgemeinden geschaffen. Mit vier Millionen Einwohnern und einer Fläche von 878 Quadratkilometern war dieses Groß-Berlin die größte Industriestadt des Kontinents und hatte während der „Goldenen Zwanziger" echtes Weltstadtflair. In der Zeit des Nationalsozialismus war Berlin Sitz der Hitler-Regierung. Trotzdem bildeten sich in der Stadt Widerstandsgruppen. Nach Kriegsende wurde Berlin in vier Besatzungszonen aufgeteilt und von den Siegermächten zunächst gemeinsam regiert. Die Sowjetunion zog sich im Juni 1948 aus der Stadtregierung zurück und reagierte auf die Währungsreform in den Westsektoren mit einer Blockade; die Versorgung konnte nur mit einer Luftbrücke aufrechterhalten werden. Der Ostteil wurde mit Gründung der DDR 1949 Hauptstadt des neu entstandenen Staates.
Ein sowjetisches Ultimatum beschwor 1958 eine neuerliche Krise herauf. In der Folgezeit setzte ein Flüchtlingsstrom aus der DDR ein, dem die SED-Regierung am 13. August 1961 mit dem Bau der Mauer mitten durch die Stadt ein gewaltsames Ende setzte. Nach Massenprotesten und einer Ausreisewelle wurde die Mauer am 9. November 1989 von der DDR-Regierung geöffnet. Mit der deutschen Einheit endete 1990 auch die Teilung Berlins, das wieder deutsche Hauptstadt wurde. 1991 entschied der Bundestag, dass Regierung und Parlament ihren Sitz in Berlin haben sollen.

Berlin

Area: 892 square kilometres
Population: 3.6 million

Geography: Situated in an Ice Age valley, Berlin has the Havel and the Spree flowing through it. Therefore the city itself boasts many natural resources for outings. Due to Second World War destruction, the ensuing policy of demolition and especially due to the construction of the Wall, many areas in the heart of the city were long time left unused. Now, they are filling with life again. It has two centres: Around the Kurfürstendamm in the west part and around Unter den Linden in the east.
History: Berlin is relatively young; the official foundation date of the twin-city Berlin-Cölln is 1237. In the 14th century the city, thanks to its natural position in the Spree delta, developed into a major centre of trade and was to become extremely significant for the March of Brandenburg politically as well as economically. Berlin's economic importance lessened in the 15th century, but later it was chosen to be the residence of the Hohenzollern dynasty as rulers of what was first Brandenburg, then later Prussia. At the time of the reign of King Friedrich II (1740–1786), Berlin, capital city of Prussia, rose to new heights; its population increased to 150,000.
A new epoch began in 1871, when Berlin became the capital of the Reich. During the reign of the emperors, Berlin evolved into the political and cultural centre of the Reich, even though, the workers movement, which was particularly strong in the city, conferred a special character on its development.
At the end of the First World War, when the Kaiser abdicated, social upheavals culminated in Berlin: among others, the communist Spartacus revolt, which was put down in January, 1919. In 1920, the urban municipality of Berlin was created by incorporating several smaller towns as well as rural communities. With its four million inhabitants and a region encompassing 878 square kilometres, Greater Berlin was the largest industrial city of the continent and had the flair of a cosmopolitan capital during the "roaring twenties." In the era of National Socialism, Berlin was the capital of Hitler's government. Yet resistance groups were still set up in the city. After the end of the war Berlin was divided into four occupation sectors and, to begin with, jointly administered by the four Allies. In June 1948, the Soviet Union withdrew from the urban government and reacted to the currency reform in the western sectors by imposing a blockade; supplies could thus only be transported by aircraft. With the foundation of the German Democratic Republic in 1949, the eastern part of the city became capital of the new state.
In 1958, a Soviet ultimatum caused yet another crisis. In the time thereafter, a stream of refugees left the GDR. The SED (Socialist Unity Party) government put a forceful end to this on 13 August 1961 by building the Wall right through the heart of the city. In the wake of massive protests and waves of refugees, the Wall was opened by the government of the GDR on 9 November 1989. The division of Berlin ended in 1990, the year in which German unity was achieved. Once again it was to become the capital of Germany. In 1991, the Bundestag decided that government and parliament were to return to Berlin.

Berlin

Superficie: 892 kilomètres carrés
Nombre d'habitants: 3,6 millions

Géographie: Berlin est situé dans un bassin fluvial datant de l'époque glaciaire. Deux rivières traversent la ville, la Havel et la Spree, et l'on y trouve un grand nombre de parcs et zones de repos. Les conséquences des bombardements de la Seconde Guerre mondiale, de la politique de démolition et de la construction du Mur veulent que de vastes parties de la ville restèrent longtemps inutilisées, parties qui font aujourd'hui l'objet de mesures d'urbanisation. Berlin a aujourd'hui deux centres: l'un entourant le Kurfürstendamm à l'ouest et l'autre entourant le boulevard Unter den Linden à l'est.
Histoire: Berlin est une ville relativement jeune, fondée en 1237. La ville de Berlin-Cölln se développe au 14e siècle grâce à sa situation favorable à l'embouchure de la Spree. Elle devient une place commerciale importante et joue un rôle dominant dans la Marche de Brandebourg tant du point de vue politique qu'économique. Bien que Berlin eût perdu son importance économique au 15e siècle, elle devint résidence des Hohenzollern qui gouvernèrent le Brandebourg, la future Prusse. En tant que capitale de la Prusse, la ville connaît son apogée sous le Roi Frédéric II qui règne de 1740 à 1786. Le nombre des habitants atteint alors 150 000.
Sa désignation de capitale du Reich en 1871 marque le début d'une nouvelle époque. Berlin devient le centre politique et culturel de l'Empire allemand, même si le mouvement ouvrier qui y est particulièrement vigoureux confère à son développement un caractère particulier. La crise sociale culmine avec l'abdication de l'Empereur à la fin de la Première Guerre mondiale. Citons en exemple le soulèvement communiste de la ligue Spartakus, réprimé en janvier 1919. En 1920, la commune de Berlin s'agrandit avec l'annexion de diverses petites villes et communes de la banlieue. Avec 4 millions d'habitants et une superficie de 878 kilomètres carrés, Berlin devient la plus grande ville industrielle du continent et a la réputation d'une véritable métropole dans les années 20. Durant le régime national-socialiste, Berlin est le siège du gouvernement. Et pourtant, c'est là que se constituent certaines cellules de la résistance. Après la fin de la Seconde Guerre mondiale, Berlin est divisé en quatre zones d'occupation et gouverné conjointement par les Alliés. L'Union soviétique se retire en juin 1948 de ce gouvernement. À la suite de la réforme monétaire dans la partie ouest de la ville, elle réagit par un blocus. Les Etats-Unis, la France et la Grande-Bretagne répondent en formant un pont aérien pour assurer l'approvisionnement. Berlin-Est devient capitale de la République démocratique d'Allemagne après la fondation de cette dernière en 1949.
Un ultimatum soviétique, en 1958, plonge la ville dans une nouvelle crise. Pour mettre fin à l'exode de réfugiés passant de l'est à l'ouest, le gouvernement de la RDA fait construire un mur partageant la ville le 13 août 1961. Après des manifestations qui mobilisèrent des centaines de milliers de personnes et un exode massif de la population, le gouvernement de la RDA ouvre le mur le 9 novembre 1989. En 1990, la réunification de l'Allemagne met également fin à la division de Berlin, qui redevient capitale du pays. En 1991, le Parlement adopte une résolution selon laquelle Berlin redevient le siège du gouvernement et du parlement.

Sachsen-Anhalt

Fläche: 20 451 Quadratkilometer
Einwohner: 2,2 Millionen
Hauptstadt: Magdeburg (238 000 Einwohner)
Größere Städte: Halle (238 000 Einwohner), Dessau-Roßlau (83 000), Wittenberg (46 000), Stendal (40 000)

Geografisches: Das Land Sachsen-Anhalt grenzt mit der Altmark an Niedersachsen, weist in der Magdeburger Börde eine besonders fruchtbare Region auf und reicht im Süden bis zu den Industriegebieten um Halle und Bitterfeld. Die höchste Erhebung ist der 1142 Meter hohe Brocken im Harz.
Geschichte: Sachsen-Anhalt ist reich an historischen Stätten und kulturhistorisch wichtigen Zeugnissen. Diese haben große Bedeutung für die deutsche Geschichte insgesamt; sie gehören auch zur Identität des jungen Bundeslandes. Das Gebiet des heutigen Sachsen-Anhalt gilt als „Wiege des Deutschen Reiches", da Heinrich I. (876–936) als erster deutscher König und Otto der Große (912–973) als erster deutscher Kaiser diesen Raum zum politischen wie auch zum wirtschaftlichen und kulturellen Zentrum ausbauten. Auf der Burg Falkenstein verfasste der aus Reppichau bei Köthen stammende Eike von Repgow (ca. 1180–ca. 1233) den „Sachsenspiegel", das älteste und einflussreichste deutsche Rechtsbuch.
Von Wittenberg aus, wo Martin Luther und Philipp Melanchthon Anfang des 16. Jahrhunderts wirkten, nahm die Reformation ihren Lauf. Vom Bauhaus Dessau (1926–1932) gingen unter seinen Direktoren Walter Gropius, Hannes Meyer und Ludwig Mies van der Rohe wegweisende Impulse für die moderne Architektur aus.
Das Land Sachsen-Anhalt wurde hauptsächlich aus der beim Wiener Kongress 1815 geschaffenen Provinz Sachsen (die vom Königreich Sachsen getrennt worden war) sowie den Herzogtümern Anhalt-Dessau, Anhalt-Bernburg und Anhalt-Köthen gebildet. Die anhaltischen Gebiete waren weniger politisch als vielmehr kulturell bedeutsam; vor allem im 17. und 18. Jahrhundert blühten dort die Baukunst und das Musikleben. Davon zeugen die unter Fürst Leopold III. Friedrich Franz von Anhalt-Dessau angelegte Dessau-Wörlitzer Kulturlandschaft sowie das Wirken der Hofkapellmeister J. S. Bach und J. F. Fasch in Köthen bzw. in Zerbst. Die preußische Provinz Sachsen war ein eher künstliches Gebilde. Sie umfasste sowohl urbrandenburgische Landesteile wie die Altmark im Norden als auch ehemals sächsische und thüringische Gebiete im Süden. Dank reicher Bodenschätze nahm die preußische Provinz im 19. Jahrhundert einen gewaltigen wirtschaftlichen Aufschwung. Die Gegend um Magdeburg galt als Kornkammer Deutschlands, um Halle, Bitterfeld und Wolfen entstand eine bedeutende chemische Industrie. Aufgrund der Mittellage entwickelte sich das Gebiet zu einem bis heute bestehenden Verkehrsknotenpunkt.
Als selbstständige föderale Einheit gab es das Land von 1945 bis 1952, mit offizieller Bezeichnung „Land" lediglich zwischen 1947 und 1952. In der DDR ging es am 25. Juli 1952 im Wesentlichen in den neu geschaffenen Bezirken Halle und Magdeburg auf. Als eines der 16 Länder der Bundesrepublik Deutschland besteht Sachsen-Anhalt seit dem 14. Oktober 1990.

Saxony-Anhalt

Area: 20,451 square kilometres
Population: 2.2 million
Capital: Magdeburg (population 238,000)
Principal cities: Halle (population 238,000), Dessau-Roßlau (83,000), Wittenberg (46,000), Stendal (40,000)

Geography: The Altmark region of Saxony-Anhalt borders the state of Lower Saxony, while the Magdeburger Börde is a particularly fertile region. To the south, the state extends as far as the industrial regions around Halle and Bitterfeld. Its highest elevation is the 1,142-metre Brocken in the Harz Mountains.
History: Saxony-Anhalt boasts a wealth of historical sites and important cultural treasures. Apart from being of major significance for German history as a whole, they are part of the identity of the young federal state. The area covered by present-day Saxony-Anhalt is often called the "cradle of the German empire," for Heinrich I (876–936), the first German king, and Otto the Great (912–973), the first German emperor, built it up into a political, economic and cultural centre. In Burg Falkenstein, Eike von Repgow (c. 1180–c. 1233), who came from Reppichau near Köthen, wrote the Sachsenspiegel, the oldest and most influential German book of law. The Reformation began in Wittenberg, where Martin Luther and Philipp Melanchthon lived and worked in the early 16th century. The Dessau Bauhaus (1926–1932), directed by Walter Gropius, Hannes Meyer and Ludwig Mies van der Rohe, provided trail-blazing inspiration for modern architecture.
The federal state of Saxony-Anhalt was formed chiefly from the Prussian province of Saxony created at the 1815 Congress of Vienna by annexation from the Kingdom of Saxony, plus the duchies of Anhalt-Dessau, Anhalt-Bernburg and Anhalt-Köthen. The Anhalt regions are not so much politically as culturally significant. In the 17th and 18th century especially, they were flourishing centres of architecture and music. Testimony to this is provided by the Dessau-Wörlitz landscape shaped in the reign of Prince Leopold III Friedrich Franz of Anhalt-Dessau and the work of J. S. Bach and J. F. Fasch as court directors of music in Köthen and Zerbst. The Prussian province of Saxony was a somewhat artificial creation, comprising both areas such as the Altmark in the north, which had originally been part of Brandenburg, and former Saxon and Thuringian regions in the south. Thanks to its rich mineral resources, in the 19th century the Prussian province experienced a tremendous economic boom. The area around Magdeburg was regarded as the granary of Germany, and a major chemical industry grew up around Halle, Bitterfeld and Wolfen. As a result of its central location, the region became an important transport intersection, and remains so today.
The state existed as an independent federal unit from 1945 to 1952, though it only had the official title of "state" between 1947 and 1952. In the German Democratic Republic, on 25 July 1952 it was largely merged into the newly-created administrative districts of Halle and Magdeburg. Saxony-Anhalt has been one of the 16 states of the Federal Republic of Germany since 14 October 1990.

La Saxe-Anhalt

Superficie: 20 451 kilomètres carrés
Nombre d'habitants: 2,2 millions
Capitale: Magdebourg (238 000 habitants)
Villes principales: Halle (238 000 habitants), Dessau-Roßlau (83 000), Wittenberg (46 000), Stendal (40 000)

Géographie: Le Land de Saxe-Anhalt, limitrophe de la Basse-Saxe par la région de l'Altmark, possède des terres particulièrement fertiles, la Magdeburger Börde, et s'étend, au sud, jusqu'aux régions industrielles de Halle et Bitterfeld.
Histoire: La Saxe-Anhalt abonde en sites historiques et en témoins de la culture et de la civilisation de ce pays. Tous revêtent une importance notoire quant à l'histoire allemande dans son ensemble et sont en même temps indissociables de l'identité de cet Etat fédéral de date récente. Le territoire sur lequel s'étend l'actuelle province de Saxe-Anhalt passe pour être le «berceau de l'Empire allemand», Henri Ier l'Oiseleur (876–936) ayant été le premier roi allemand et Othon Ier le Grand (912–973), le premier empereur germanique. Tous les deux surent faire de cette région un foyer tant politique qu'économique et culturel. C'est au château fort de Falkenstein que Eike von Repgow, qui vécut de 1180 à 1233 environ et était originaire de Reppichau, près de Köthen, écrivit le «Sachsenspiegel» (Le Miroir des Saxons), le plus ancien livre de droit allemand, ouvrage dont la portée fut des plus notoires. La Réforme prit son départ à Wittenberg où enseignèrent Martin Luther et Philipp Melanchton au début du XVIe siècle. La Bauhaus, école d'architecture et d'art de Dessau, qui fut successivement dirigée par Walter Gropius, Hannes Meyer et Ludwig Mies van der Rohe, fit œuvre de pionnière pour ce qui est de l'architecure moderne.
La province de Saxe-Anhalt avait été en majeure partie formée de la Saxe, province prussienne (détachée du Royaume de Saxe), créée au Congrès de Vienne en 1815, ainsi que des duchés de Anhalt-Dessau, Anhalt-Bernburg et Anhalt-Köthen. Les régions dont se constituait le Anhalt revêtaient une importance moins politique que culturelle. Au 17e et 18e siècles, l'architecture et la musique y furent tout particulièrement florissantes. En témoignent les vastes espaces paysagés de Dessau-Wörlitz, aménagés sous le règne du prince Leopold III par Friedrich Franz von Anhalt-Dessau, mais aussi le fait que J. S. Bach, maître de chapelle à la cour et J. F. Fasch y œuvrèrent, à Köthen et à Zerbst. La Saxe, province prussienne, constituait une entité plutôt artificielle. Elle comprenait tant les anciennes régions du Brandebourg, comme l'Altmark, au nord, que des territoires autrefois saxons et thuringiens, au sud. Grâce aux richesses de son sol, cette province prussienne prit, au 19e siècle, un essor considérable au plan économique. La région de Magdebourg était considérée comme le grenier à blé de l'Allemagne et une industrie chimique importante vit le jour à Halle, Bitterfeld et Wolfen. Située au centre du pays, cette région devint un important nœud de communication et l'est demeurée jusqu'à nos jours.
De 1945 à 1952, la Saxe-Anhalt constitua un Etat fédéré indépendant, qui ne porta officiellement le nom de «Land» que de 1947 à 1952. En République democratique allemande, ce dernier fut, dans sa majeure partie, incorporé aux circonscriptions alors nouvellement créées de Halle et Magdebourg, le 25 juillet 1952. Depuis le 14 octobre 1990, la Saxe-Anhalt fait partie des 16 Länder de la République fédérale d'Allemagne.

Nordrhein-Westfalen

Fläche: 34 110 Quadratkilometer
Einwohner: 18 Millionen
Hauptstadt: Düsseldorf (613 000 Einwohner)
Größere Städte: Köln (1 Million Einwohner), Dortmund (586 000), Essen (583 000), Duisburg (500 000), Münster (312 000)

Geografisches: Nordrhein-Westfalen, im Westen der Bundesrepublik gelegen und an die Niederlande sowie Belgien grenzend, ist das bevölkerungsreichste Land. Kernzone der rheinisch-westfälischen Industrielandschaft ist das Ruhrgebiet, der größte industrielle Ballungsraum Europas. Nordöstlich erstreckt sich bis zum Teutoburger Wald die Münsterländer Bucht, in der, wie in den angrenzenden Landschaften, Agrarproduktion das Bild bestimmt.
Geschichte: Mit der „operation marriage" (Operation Hochzeit) fügten die britischen Besatzungsbehörden 1946 die ehemaligen preußischen Provinzen Westfalen und Rheinland (in seinen nördlichen Teilen), die bis dahin unterschiedliche Entwicklungen genommen hatten, zum Land Nordrhein-Westfalen zusammen. 1947 kam Lippe hinzu. Westfalen war im Mittelalter und der frühen Neuzeit in Kleinstaaten zersplittert. Unter französischer Herrschaft gab es in den Jahren 1807 bis 1813 ein Königreich Westfalen mit Napoleons Bruder Jérôme als Monarchen.
Nach 1815 fiel das gegenwärtige Westfalen dann an Preußen.
Als Rheinlande werden die deutschen Gebiete zu beiden Seiten des Mittel- und Niederrheins bezeichnet, deren südlicher Teil nach dem Zweiten Weltkrieg an Rheinland-Pfalz fiel. In der heute zu Nordrhein-Westfalen gehörenden Region entstanden im Mittelalter mehrere kleinere Territorien sowie das Kurfürstentum Köln. Ab 1614 fielen Teile des Rheinlandes an Brandenburg bzw. Preußen, das 1815 die Rheinprovinz erhielt.
Das Ruhrgebiet – teils zum Rheinland, teils zu Westfalen gehörig – nahm seinen Aufschwung ab Mitte des 19. Jahrhunderts. Heute gilt die einst fast ausschließlich vom Bergbau und der Stahlindustrie geprägte Region als Musterbeispiel des erfolgreichen Strukturwandels, der seit Ende der 1970er Jahre die wirtschaftliche Entwicklung des Landes prägt: Chemie und Maschinenbau haben die traditionellen Standortfaktoren Stahl, Kohle und Textilgewerbe in ihrer Bedeutung abgelöst. In den 1990er Jahren ist Nordrhein-Westfalen zu einer der stärksten Medien- und Kommunikationsregionen Europas geworden. Die umgesetzte Vision vom „Blauen Himmel über der Ruhr" hat das alte Image des „Kohlenpotts" erfolgreich verdrängt. Mit einem engmaschigen Netz von 63 Hochschulen und über 100 außeruniversitären Forschungseinrichtungen zählt die Forschungslandschaft Nordrhein-Westfalens heute zu den dichtesten und vielfältigsten der Welt. Dieser Ruf gebührt auch dem „Kulturland NRW", wovon jüngst die Vereinten Nationen in einem Vergleich der internationalen bedeutenden Kulturmetropolen Zeugnis abgelegt haben.

North Rhine-Westphalia

Area: 34,110 square kilometres
Population: 18 million
Capital: Düsseldorf (population 613,000)
Principal cities: Cologne (population 1 million), Dortmund (586,000), Essen (583,000), Duisburg (500 000), Münster (312,000)

Geography: North Rhine-Westphalia, situated in the west of the Federal Republic of Germany and bordering the Netherlands as well as Belgium, is the most heavily populated state. The core of the Rhenish-Westphalian industrial area is the Ruhr region, featuring the greatest industrial concentration in Europe. The Münsterland basin stretches out into the north-east up to the Teutoburger Wald and is, like the neighbouring areas, of rural-agrarian character.
History: In 1946, the British occupation administration merged the former Prussian provinces of Westphalia and (the northern parts of) the Rhineland to form the state of North Rhine-Westphalia, even though both had previously undergone different historical developments. This was "Operation Marriage." In 1947, Lippe was added. In the Middle Ages and in the early modern era, Westphalia had been split up into a series of minor states. During French rule in the years 1807–1813, a kingdom of Westphalia existed, with Napoleon's brother Jérôme as monarch. After 1815 present-day Westphalia was ceded to Prussia.
The Rhineland is the German region on both sides of the Middle and Lower Rhine, the southern part of which fell to the Rhineland-Palatinate after the Second World War. In the part nowadays belonging to North Rhine-Westphalia, several smaller territories as well as the Electorate of Cologne had come into being during the Middle Ages. Commencing in 1614, parts of the Rhineland fell to Brandenburg, respectively Prussia, which was awarded the whole region in 1815. The Ruhr, located partly in the Rhineland and partly in Westphalia, began to prosper from the middle of the 19th century. Once characterized almost entirely by mining and the steel industry, the region now serves as a model of successful structural change. It is this change which has shaped economic development since the end of the 1970s. Chemicals and engineering have taken over from traditional steel, coal and textiles. In the 1990s, North Rhine-Westphalia became one of the largest media and communications regions of Europe. The old image of coalfields has given way to the opposite: a vision of "blue skies over the Ruhr." Research and development have also made a vital contribution to the state's success in building an economic structure which provides security for the future. With a close-knit network of 63 universities and colleges of higher education and more than 100 non-university research institutions, North Rhine-Westphalia has one of the most concentrated and varied research scenes in the world. It has earned the same reputation in the arts and was recently singled out by the United Nations in a comparison of international cultural centres.

La Rhénanie-du-Nord-Westphalie

Superficie: 34 110 kilomètres carrés
Nombre d'habitants: 18 millions
Capitale: Düsseldorf (613 000 habitants)
Villes principales: Cologne (1 million habitants), Dortmund (586 000), Essen (583 000), Duisbourg (500 000), Munster (312 000)

Géographie: Située à l'ouest de la République fédérale et aux frontières de la Belgique et des Pays-Bas, la Rhénanie-du-Nord-Westphalie est le Land le plus peuplé d'Allemagne. La région de la Ruhr, son cœur industriel, est la zone présentant la plus grande densité industrielle en Europe. Au nord-est, la baie de Munsterland s'étend jusque vers la Forêt de Teutobourg et reste, comme les pays limitrophes, une région agricole.
Histoire: En 1946, les responsables de l'occupation anglaise réunissent au cours d'une «operation marriage» les anciennes provinces prussiennes de Westphalie et de Rhénanie (à savoir la partie nord) en un Land baptisé Rhénanie-du-Nord-Westphalie, deux régions ayant suivi jusque là des évolutions bien différentes et auxquelles Lippe est annexée en 1947. Au Moyen-Age et au début des temps modernes, la Westphalie est morcelée en petits Etats. Sous la domination française, c'est-à-dire entre 1807 et 1813, il existe même un royaume de Westphalie dont le monarque, Jérôme, est un frère de Napoléon. La Westphalie devient prussienne à partir de 1815.
On entend par pays rhénans les régions situées sur les deux côtés du fleuve, en amont de celui-ci et au centre de l'Allemagne dont la partie sud fut attribuée à la Rhénanie-Palatinat après la Seconde Guerre Mondiale. Dans cette région faisant aujourd'hui partie de la Rhénanie-du-Nord-Westphalie, plusieurs petits territoires ainsi que l'Electorat de Cologne virent le jour au Moyen-Age. En 1614, certaines régions rhénanes reviennent au Brandebourg, c'est-à-dire à la Prusse qui dominera toute la Rhénanie dès 1815.
Le Bassin de la Ruhr, qui fait partie tant de la Rhénanie que de la Westphalie, prit son essor au milieu de 19e siècle. Cette région, que l'industrie minière et la sidérurgie ont profondément marqué de leur empreinte, passe aujourd'hui, pour être un modèle de reconversion structurelle menée à bonne fin. La chimie et la construction mécanique sont venues remplacer les industries traditionellement localisées dans cette région, telles que celles de l'acier, du charbon et du textile et y jouent, désormais, un rôle aussi important que ces dernières, dans le passé. Dans les années 1990, la Rhénanie-du-Nord-Westphalie est devenue l'une des régions d'Europe les plus performantes dans le domaine des médias et de la communication. La réalisation de l'objectif «Ciel bleu au-dessus de la Ruhr» a fait reculer l'image négative s'attachant à ce bassin houiller. Disposant d'un réseau complexe de 63 universités et écoles supérieures ainsi que de plus de 100 instituts de recherche parauniversitaires, la Rhénanie-du-Nord-Westphalie est la région présentant la densité et la diversification la plus élevée en matière de recherche. Sa réputation lui vient aussi de ce qu'elle est une «terre de culture» ainsi qu'en témoigne le titre qui vient de lui être conféré par les Nations-Unies dans une comparaison internationale des métropoles culturelles les plus importantes au monde.

Rheinland-Pfalz

Fläche: 19 854 Quadratkilometer
Einwohner: 4 Millionen
Hauptstadt: Mainz (214 000 Einwohner)
Größere Städte: Ludwigshafen (167 000 Einwohner), Koblenz (114 000), Trier (110 000), Kaiserslautern (99 000)

Geografisches: In Rheinland-Pfalz, das gemeinsame Grenzen mit Frankreich, Luxemburg und Belgien hat, liegt das Mittelrheintal mit seinen malerischen Burgruinen, das vielen als die deutsche Landschaft schlechthin gilt. Vor allem hier und entlang der Mosel erstrecken sich die Weinanbaugebiete, die das Land zur wichtigsten Winzerregion der Bundesrepublik machen. Viel besucht sind auch die alten Römerstädte Koblenz, Trier, Mainz und Worms sowie die vulkanische Eifel.
Geschichte: Rheinland-Pfalz wird vielfach als „Land aus der Retorte" bezeichnet. Es wurde 1946 von den Besatzungsmächten aus bayerischen, hessischen und preußischen Landesteilen gebildet, die nie zuvor zusammengehört hatten: aus der bis dahin zu Bayern gehörenden Pfalz, den preußischen Regierungsbezirken Koblenz und Trier, vier Kreisen der ehemals preußischen Provinz Hessen-Nassau und dem linksrheinischen Gebiet Hessens. Besonders weit zurückreichende politische, wirtschaftliche und kulturelle Traditionen haben die heute zu Rheinland-Pfalz gehörenden rheinländischen Gebiete, in denen bereits in der Römerzeit städtische Siedlungen entstanden. Trier war seit Beginn des 4. Jahrhunderts eine der Hauptstädte des Römischen Reiches. Während des Mittelalters lagen in dieser Region die beiden Kurfürstentümer Mainz und Trier.
Auch die Pfalz hatte seit der Goldenen Bulle (1356) eine Kurstimme. Zwar verfügten die Kurfürsten und Pfalzgrafen nicht über ein geschlossenes Territorium, sie waren aber über Jahrhunderte die in dieser Region vorherrschende Macht – daran änderte auch der vorübergehende Verlust von Land und Kur an Bayern nichts, denn im Westfälischen Frieden (1648) erhielten die Pfalzgrafen beides zurück. Erst 1714 machte Kurfürst Karl Philipp dem Gegensatz zu den bayerischen Wittelsbachern ein Ende, was jedoch zur Folge hatte, dass die Pfalz zum Nebenland Bayerns absank. Nach dem Wiener Kongress 1815 wurde aus der Pfalz der bayerische Rheinkreis gebildet (seit 1838 Rheinpfalz genannt), während das rheinhessische Gebiet um Mainz und Worms Hessen-Darmstadt zugeschlagen wurde und die Rheinlande als Rheinprovinz Preußen angegliedert wurden.
Da Rheinland-Pfalz 1946 aus Gebieten mit sehr unterschiedlichen historischen Bindungen zusammengefügt wurde, gab es anfangs verschiedene regionale Initiativen, sich anderen Ländern anzugliedern. Diese setzten sich jedoch nicht durch. Nicht nur wirtschaftlich nimmt das Land an Rhein und Mosel heute eine Spitzenposition ein. Ebenso stolz sind die Rheinland-Pfälzer auf ihr kulturelles Erbe. Der „Kultursommer Rheinland-Pfalz" lädt die Bürger in jedem Jahr zu rund 1600 Veranstaltungen ein und verbindet damit in unvergleichlicher Weise reizvolle Landschaft mit Musik, Tanz und Schauspiel. Die Stiftung Rheinland-Pfalz für Kultur ist die zweitgrößte Kulturstiftung eines Bundeslandes.

Rhineland-Palatinate

Area: 19,854 square kilometres
Population: 4 million
Capital: Mainz (population 214,000)
Principal cities: Ludwigshafen (population 167,000), Koblenz (114,000), Trier (110 000), Kaiserslautern (99,000)

Geography: In the Rhineland-Palatinate, bordering on France, Luxembourg and Belgium, the middle Rhine valley spreads out with its picturesque ruined castles which many consider as the incarnation of German landscapes. This region and the banks of the Moselle are full of vineyards, making them the most important wine-growing areas in the Federal Republic. The old Roman cities of Koblenz, Trier, Mainz, and Worms as well as the volcanic Eifel mountains are special attractions for visitors.
History: The Rhineland-Palatinate is often called an artificial state. In 1946, the occupying powers merged parts of Bavarian, Hessian and Prussian domains which had never belonged together before: these were the Palatinate, which had before belonged to Bavaria, the Prussian administrative regions of Koblenz and Trier, four regions of the former Prussian province of Hessen-Nassau, and the part of Hesse on the left bank of the Rhine. Especially far-reaching are the political, economic and cultural traditions of the Rhenish regions nowadays belonging to the Rhineland-Palatinate, in which the first urban settlements had come into being during the times of the Romans. Since the beginning of the 4th century Trier had been a capital city of the Roman Empire. During the Middle Ages, the two electorates of Mainz and Trier were situated in this region.
The Palatinate had been an electorate since the Golden Bull of 1356. Even though the electors and the palatinate dukes had no strictly bordered territories, they had the say in this region for several centuries – even the temporary loss of region and Electorate to the Bavarians did not change much, since the dukes palatinate regained their privileges in the Treaty of Westphalia of 1648. Finally, in 1714, Elector Karl Philipp put an end to the conflicts with the Bavarian Wittelsbachs, even though the Palatinate suffered under the diminished status of being secondary Bavarian territory. After the Congress of Vienna in 1815, the Palatinate became the Bavarian Rhenish region (named Rheinpfalz in 1838), while the Rheinhessen region around Mainz and Worms was given to Hessen-Darmstadt and the Rhinelands were ceded to Prussia as its Rhine province.
Because the Rhineland-Palatinate was formed in 1946 from regions with very different historical connections there were at first a number of regional movements demanding to join other states. However, these were unsuccessful. Nowadays the state on the Rhine and Moselle has taken a leading position, and not just economically. People from the region are equally proud of their cultural heritage. Each year the "Kultursommer Rheinland-Pfalz" (Rhineland-Palatinate Summer Arts Festival) stages around 1,600 events, providing an incomparable blend of delightful scenery and music, dance and theatre. The Stiftung Rheinland-Pfalz für Kultur (Rhineland-Palatinate Arts Foundation) is the second-largest arts foundation in any German federal state.

La Rhénanie-Palatinat

Superficie: 19 854 kilomètres carrés
Nombre d'habitants: 4 millions
Capitale: Mayence (214 000 habitants)
Villes principales: Ludwigshafen (167 000 habitants), Coblence (114 000), Trèves (110 000), Kaiserslautern (99 000)

Géographie: Le Land de Rhénanie-Palatinat, aux frontières communes avec la France, la Belgique et le Luxembourg, englobe la partie médiane de la Vallée du Rhin surmontée de ruines pittoresques de châteaux forts, et est considérée comme le paysage allemand par excellence. C'est surtout ici et le long de la Moselle que s'étendent les vignobles qui en font la région viticole la plus importante de l'Allemagne fédérale. Les anciennes cités romaines de Coblence, Trèves, Mayence et Worms ainsi que la contrée volcanique de l'Eifel sont des buts touristiques très prisés.
Histoire: Le Land de Rhénanie-Palatinat est souvent décrit comme une région créée «in vitro». En 1946 les autorités des puissances d'occupation réunissent les régions bavaroise, hessoise et prussienne, qui n'avaient auparavant rien de commun, pour former ce Land. Il comprend le Palatinat qui appartenait avant à la Bavière, les circonscriptions autrefois prussiennes de Coblence et de Trèves, quatre circonscriptions de l'ancienne province prussienne de Hessen-Nassau et la partie de la Hesse située sur la rive gauche du Rhin. Les régions rhénanes composant aujourd'hui la Rhénanie-Palatinat sont marquées par des traditions politiques, économiques et culturelles fort anciennes, datant de l'époque romaine qui y avait établi des colonies. Dès le début du 4e siècle, Trèves est une des capitales de l'Empire romain. Au Moyen-Age, les électorats de Mayence et de Trèves font partie de cette région.
Depuis le décret de la Bulle d'Or (1356), le Palatinat a également droit à une voix. Bien que les électeurs et les Palatins ne disposent pas d'un territoire limité, ce sont eux qui gouvernèrent la région pendant des siècles. L'annexion provisoire à la Bavière signifiant la perte de l'électorat et du pays n'y change pas grand-chose, puisque le Traité de Paix de Westphalie (1648) rend les deux tiers aux Palatins. L'Electeur Charles Philippe procède de manière contraire avec les Wittelsbach bavarois en 1714, ce qui a pour conséquence que le Palatinat est annexé à la Bavière. Après le congrès de Vienne, en 1815, le Palatinat devient circonscription rhénane de la Bavière (nommée Palatinat rhénan depuis 1838), alors que la région rhénane-hessoise entourant Mayence et Worms est attribuée à Hessen-Darmstadt et que les pays rhénans sont rattachés à la Prusse en tant que province rhénane.
La Rhénanie-Palatinat ayant été modelée en 1946 à partir de régions aux attaches historiques les plus différentes, diverses initiatives régionales furent entreprises visant à intégrer ce pays à d'autres Länder de la Fédération. Mais toutes échouèrent. Cette province arrosée par le Rhin et la Moselle fait aujourd'hui partie du peloton de tête de l'ensemble des régions et cela non seulement au plan économique. Les Palatins de Rhénanie sont fiers de leur héritage culturel. L'«Eté culturel de Rhénanie» (Kultursommer Rheinland-Pfalz) invite, chaque année, les habitants à prendre part à ses 1600 manifestations, conjuguant ainsi admirablement les charmes du paysage à la musique, à la danse et au théâtre. La «Stiftung Rheinland-Pfalz für Kultur» est, au niveau fédéral, la deuxième fondation culturelle par rang d'importance.

Saarland

Fläche: 2570 Quadratkilometer
Einwohner: 997 000
Hauptstadt: Saarbrücken (180 000 Einwohner)
Größere Städte: Neunkirchen (47 000 Einwohner), Homburg (42 000), Völklingen (40 000), St. Ingbert (36 000)

Geografisches: Das Saarland ist der kleinste deutsche Flächenstaat. Er grenzt an Frankreich und Luxemburg. Rund 30 Prozent des Landes sind mit Wald bedeckt, wobei sich die größten geschlossenen Waldgebiete im Mittelsaarländischen Waldland und im Schwarzwälder Hochwald, einem Teil des Hunsrücks, erstrecken. Die Wirtschaftszentren liegen im dicht besiedelten Saartal.

Geschichte: Vor der Industrialisierung im 19. Jahrhundert hatte das Saarland nur einen schwachen territorialen Kern in der Grafschaft (später Fürstentum) Saarbrücken, war aber ansonsten von benachbarten Herrschaften – Trier, Metz, Pfalz, Lothringen, später Frankreich – geprägt. Mit der Neuordnung Europas nach den Napoleonischen Kriegen fiel das Gebiet infolge des Wiener Kongresses 1815 vorwiegend an die preußische Rheinprovinz, zu geringeren Teilen an die Pfalz.

Mitte des 19. Jahrhunderts, als an der Saar die Kohleförderung und Eisenerzeugung einen gewaltigen Aufschwung nahmen, bildete sich hier ein einheitlicher Wirtschaftsraum heraus, der sich nach dem Deutsch-Französischen Krieg 1870/71 mit dem vom neu gegründeten Deutschen Reich annektierten benachbarten Lothringen verflocht. Das Saargebiet entstand als politische Einheit erst 1920 mit dem Inkrafttreten des Versailler Friedensvertrages. Nachdem französische Annexionsversuche 1918/19 am Widerstand Großbritanniens und der USA gescheitert waren, wurde das Gebiet für 15 Jahre der Verwaltung des Völkerbundes unterstellt. Frankreich erhielt die Kohlegruben, konnte das Land in sein Zollgebiet und später auch in seinen Wirtschaftsraum integrieren. Die 1935 durchgeführte Volksabstimmung, in der sich 90,8 Prozent für einen Anschluss an das Deutsche Reich aussprachen, war wegen der geänderten politischen Verhältnisse in Deutschland auch ein Votum für die nationalsozialistische Herrschaft.

Im Sommer 1945 strebte Frankreich erneut eine Einbeziehung des Saarlandes in seinen Machtbereich an und wählte dafür, nachdem eine Eingliederung in den französischen Staatsverband wiederum auf die Ablehnung seiner Alliierten gestoßen war, die Form der Wirtschafts- und Währungsunion, die auch in der Präambel der saarländischen Verfassung vom 17. Dezember 1947 festgelegt wurde. Nachdem die Bevölkerung ein „Europäisches Saarstatut" am 23. Oktober 1955 mit 67,7 Prozent abgelehnt hatte, löste der Luxemburger Vertrag vom 27. Oktober 1956 das Saarproblem. Das Saarland wurde ab 1. Januar 1957 eigenes Land. Eine auf drei Jahre befristete Übergangszeit endete schon am 5. Juli 1959. Seitdem bemühen sich die Landesregierungen, den Modernisierungsrückstand in Industrie- und Verkehrseinrichtungen aufzuholen und die sich aus der Kohle- und Stahlkrise ergebenden Notwendigkeiten der Umstrukturierung zu bewältigen – in enger grenzüberschreitender Zusammenarbeit mit Lothringen und Luxemburg.

Saarland

Area: 2,570 square kilometres
Population: 997,000
Capital: Saarbrücken (population 180,000)
Principal cities: Neunkirchen (population 47,000), Homburg (42 000), Völklingen (40,000), St. Ingbert (36,000)

Geography: The Saarland is the smallest German non-city state. It borders on France and Luxembourg. About thirty per cent is wooded with the greatest forest regions in the Saar central forest and the Schwarzwälder Hochwald, which is a part of the Hunsrück. The economic centres are to be found in the densely populated Saar valley.

History: Before industrialisation in the 19th century, the Saarland only had a weak territorial centre in the duchy (later principality) of Saarbrücken, and was generally influenced by the neighbouring realms – Trier, Metz, the Palatinate, Lorraine, later France. After the new order in Europe in the wake of the Napoleonic wars, the region mainly fell to the Prussian Rhine province, and smaller parts to the Palatinate as awarded by the Congress of Vienna in 1815. In the middle of the 19th century, coal-mining and the production of steel were greatly intensified on the banks of the Saar, so that an economic unit was formed which soon merged with Lorraine, which had been annexed by the newly-founded German Reich after the Franco-Prussian War of 1870/71. In 1920, the Saar region first became a political unit, after the peace treaty of Versailles was put into effect. After French attempts at annexation had failed in 1918/19 due to the opposition of Great Britain and the USA, the region was administered by the League of Nations for 15 years. France got the coal mines and was able to integrate the Saarland in its customs jurisdiction, later even economically. The plebiscite of 1935, in which 90.8 per cent of the population voted for affiliation with the German Reich, was also a vote for National Socialist rule in respect of the changing political scene in Germany.

In summer 1945, France again sought to incorporate the Saarland in its sphere of control, and as its allies rejected the idea of a merger with France it opted for economic and monetary union, as laid down in the preamble to the Saarland's 17 December 1947 constitution. After the "European Saar Statute" had been rejected by 67.7 per cent of voters in the 23 October 1955 referendum, the Saarland problem was resolved by the 27 October 1956 Treaty of Luxembourg. On 1 January 1957, the Saarland became a state in its own right, with a three-year transitional period that ended on 5 July 1959. State governments have since aimed at eliminating the modernisation backlog in industry and transport and at coping with the need to restructure that has resulted from the coal and steel crisis, this having been undertaken in cross-border cooperation with Lorraine and Luxembourg.

La Sarre

Superficie: 2570 kilomètres carrés
Nombre d'habitants: 997 000
Capitale: Sarrebruck (180 000 habitants)
Villes principales: Neunkirchen (47 000 habitants), Homburg (42 000), Völklingen (40 000), St-Ingbert (36 000)

Géographie: La Sarre est le plus petit des Länder allemands mis à part les villes-Etats. Situé aux frontières de la France et du Luxembourg, presque 30 pour cent de son sol est planté de forêts dont les plus grandes s'étendent dans le centre du pays et sur les hauteurs de la Forêt-Noire, une partie du Hunsrück. Les centres économiques se trouvent dans la vallée de la Sarre à forte densité de population.

Histoire: Avant son industrialisation qui date du 19e siècle, la Sarre ne possède qu'un noyau territorial faible dans le Comté de Sarrebruck (qui deviendra par la suite un duché) et est marquée par l'influence de ses puissants voisins – Trèves, Metz, le Palatinat, la Lorraine et plus tard la France. À la suite de la réorganisation de l'Europe décidée au Congrès de Vienne en 1815 et qui suit les guerres napoléoniennes, le pays est annexé en majeure partie à la province rhénane de Prusse, et a une petite partie au Palatinat.

Au milieu du 19e siècle, l'extraction du charbon et la production de fer donnent à la Sarre un puissant essor lui permettant de former un centre économique homogène qui, après le conflit franco-allemand de 1870/71 s'intègre dans la Lorraine voisine annexée alors au nouveau Reich allemand. En tant qu'unité politique, la Sarre n'existe que depuis 1920, à la suite de l'entrée en vigueur du Traité de paix de Versailles. Après les tentatives françaises d'annexion qui échouent en 1918/19 du fait de l'opposition de la Grande-Bretagne et de l'Amérique, la région est placée sous l'administration de la Société des Nations pendant 15 ans. La France administre les mines de charbon et englobe le pays dans ses frontières douanières et plus tard dans son économie. Le plébiscite de 1935 par lequel 90,8% de la population manifeste son désir d'appartenir au Reich allemand en vertu du changement des rapports politiques en Allemagne, représente également un vote pour la domination nationale-socialiste.

En été de l'année 1945, la France tenta de nouveau d'intégrer la Sarre à sa zone d'influence. Son rattachement à l'Etat français s'étant heurté au refus de ses alliés, elle opta en faveur d'une union économique et monétaire qui fut stipulée dans le préambule de la constitution sarroise le 17 décembre 1947. 67,7% de la population ayant refusé un «statut européen de la Sarre» le 23 octobre 1955, c'est le Traité de Luxembourg, signé le 27 octobre 1956, qui apporta la solution au problème sarrois. Le 1er janvier 1957, la Sarre devint un Etat de l'Allemagne. La période de transition, qui avait été fixée à trois ans, prit fin le 5 juillet 1959. Depuis lors, les différents gouvernements du Land s'efforcent de rattraper le retard qu'enregistrent l'industrie et les transports et de venir à bout des impératifs d'une restructuration exigée par la crise de la sidérurgie en coopérant étroitement avec la Lorraine et le Luxembourg, par-delà les frontières.

Hessen

Fläche: 21 115 Quadratkilometer
Einwohner: 6 Millionen
Hauptstadt: Wiesbaden (278 000 Einwohner)
Größere Städte: Frankfurt am Main (736 000 Einwohner), Kassel (200 000), Darmstadt (157 000), Offenbach (125 000)

Geografisches: Das heutige Hessen, im September 1945 aus Kurhessen und Nassau, Hessen-Starkenburg, Oberhessen und aus den östlich des Rheins gelegenen Teilen von Rheinhessen geformt, liegt in der Mitte der Bundesrepublik. Obwohl Hessen mit 5,9 Prozent der Gesamtfläche relativ klein ist, gehört es zu den wirtschaftsstärksten Ländern der Bundesrepublik. Gleichzeitig ist es das Land mit der größten Waldfläche. Wirtschaftlicher Schwerpunkt ist das Rhein-Main-Gebiet mit der Stadt Frankfurt, die sich zum maßgeblichen Bankenzentrum Kontinentaleuropas entwickelt hat, und dem Rhein-Main-Flughafen.
Im Kontrast hierzu stehen die reizvollen Mittelgebirgslandschaften von Odenwald und Westerwald, das Nordhessische Bergland sowie Taunus und Rhön. Nur eine halbe Autostunde vom Ballungsgebiet Rhein-Main entfernt beginnt das Land der Wälder und Schlösser, der Burgen und Fachwerkhäuser, lockt mit dem Rheingau eines der berühmtesten Weinbaugebiete der Welt.
Geschichte: Die Ursprünge reichen bis ins 13. Jahrhundert zurück, doch erst unter dem Landgrafen Philipp dem Großmütigen (1504–1567) wurde das hessische Gebiet so weit ausgedehnt, dass es erstmals weitere Teile des heutigen Landes umfasste. Lediglich in dieser Zeit spielte Hessen innerhalb des Reichsgebiets eine größere Rolle, etwa in der Durchsetzung der Reformation. Nach dem Tode Philipps zerfiel die Landgrafschaft in die Teile Hessen-Kassel, Hessen-Marburg, Hessen-Rheinfels und Hessen-Darmstadt.
Nach der napoleonischen Zeit bildeten sich zu Anfang des 19. Jahrhunderts im Wesentlichen drei Schwerpunkte in Hessen heraus: das Kurfürstentum Hessen-Kassel, das Großherzogtum Hessen-Darmstadt und das Herzogtum Nassau. Die in der Frankfurter Paulskirche 1848 tagende Nationalversammlung, die eine liberale gesamtdeutsche Verfassung entwerfen und einen deutschen Nationalstaat schaffen wollte, war weitgehend erfolglos und von der hessischen Umgebung ohnehin losgelöst. Die Konstituierung des Deutschen Reiches 1871
unter preußischer Dominanz beeinflusste dagegen auch die Aufteilung der hessischen Gebiete: Nach dem Preußisch-Österreichischen Krieg 1866, in dem sich die hessischen Großterritorien aufseiten der Donaumonarchie engagiert hatten, fielen weite Gebiete Hessens an das siegreiche Preußen. Kurhessen, Nassau und Frankfurt wurden zur preußischen Provinz Hessen-Nassau zusammengefasst, wohingegen das Großherzogtum Hessen-Darmstadt zwar Gebietsverluste hinnehmen musste, aber seine Eigenständigkeit behielt. Auch während der Weimarer Republik blieb Hessen-Nassau Teil des Landes Preußen, während Hessen-Darmstadt 1919 in den Volksstaat Hessen mit parlamentarisch-demokratischer Verfassung überging.
Das Land Hessen in seiner heutigen Gestalt ist durch die Proklamation der amerikanischen Militärregierung vom 19. September 1945 gebildet worden. Seine demokratische Legitimation beruht auf der Verfassung vom 1. Dezember 1946.

Hesse

Area: 21,115 square kilometres
Population: 6 million
Capital: Wiesbaden (population 278,000)
Principal cities: Frankfurt am Main (population 736,000), Kassel (200,000), Darmstadt (157,000), Offenbach (125,000)

Geography: Present-day Hesse, formed in September 1945 out of Kurhessen and Nassau, Hessen-Starkenburg, Upper Hesse and those parts of Rheinhessen to the east of the Rhine, lies in the centre of the Federal Republic. Although Hesse is one of the smallest states, covering only 5.9 per cent of the country's total area, it is economically one of the strongest in the Federal Republic. It is also the state with the largest area of forest and woodland. Its economic centre is the Rhine-Main area with the city of Frankfurt, which has developed into the leading banking centre in continental Europe, and its Rhine-Main airport. In contrast to this are the lovely Mittelgebirge country
areas of the Odenwald and Westerwald, the North Hesse uplands, the Taunus and the Rhön. Only half an hour's drive from the Rhine-Main conurbation there are woods and castles, fortresses and half-timbered houses, not to mention the tempting Rheingau, one of the most famous wine-growing regions in the world.
History: Its origins date back into the 13th century, but the first time the Hesse region expanded far enough to cover further parts of the state of today was in the reign of Duke Philip the Generous (1504–1567). This was the only time Hesse played a role of greater importance in the Reich, in connection with the success of the reformation. After the death of Philip, the duchy split up into the regions of Hessen-Kassel, Hessen-Marburg, Hessen-Rheinfels and Hessen-Darmstadt.
After the Napoleonic age three regions of greater import developed in Hesse in the early 19th century: the electorate of Hessen-Kassel, the grand duchy of Hessen-Darmstadt, and the duchy of Nassau. The national assembly, which constituted itself in 1848 in the Paulskirche in Frankfurt with the aim of making a rough draft of a liberal constitution for a German nation state, was generally unsuccessful and had little to do with surrounding Hesse. The coming of the German Reich under Prussian predominance, which constituted itself instead in 1871, influenced the further divisions of Hesse. During the Austro-Prussian War of 1866, the greater territories of Hesse had supported the Danube monarchy. After the war Hesse thus lost large regions to the victorious Prussians. Whereas the electorate of Kurhessen, Nassau and Frankfurt were collectively reduced to the status of a Prussian province, Hessen-Nassau, the grand duchy of Hessen-Darmstadt was allowed to retain its independence in spite of some minor territorial losses. During the Weimar Republic, Hessen-Nassau remained part of Prussia while Hessen-Darmstadt joined the "Volksstaat" Hesse, a state with a parliamentary democracy, in 1919.
The state of Hesse in its present-day form was established by proclamation of the American military government on 19 September 1945. It was democratically legitimised by the constitution of 1 December 1946.

La Hesse

Superficie: 21 115 kilomètres carrés
Nombre d'habitants: 6 millions
Capitale: Wiesbaden (278 000 habitants)
Villes principales: Francfort-sur-le-Main (736 000 habitants), Kassel (200 000), Darmstadt (157 000), Offenbach (125 000)

Géographie: La Hesse d'aujourd'hui, née, en septembre 1945, de l'association de Kurhessen, de Nassau, de Hessen-Starkenburg, d'Oberhessen et des territoires de Rheinhessen situés à l'est du Rhin, s'étend au cœur de la République fédérale. Bien que la Hesse soit relativement petite – elle n'occupe que 5,9% du territoire allemand –, elle fait partie des Länder économiquement les plus puissants. C'est également la province possédant la plus vaste surface boisée. Le pôle économique prédominant est constitué par la région du Rhin et du Main, où se trouvent Francfort, devenu la plus importante place financière sur le continent européen, et l'aéroport Rhin/Main.
En opposition à cet aspect de sa physionomie: le charme de l'Odenwald et du Westerwald, des régions du nord de la Hesse appartenant à la chaine montagneuse du Mittelgebirge, ainsi que du Taunus et du Rhön. C'est à une heure seulement, en voiture, de l'agglomeration urbaine du Rhin et du Main que commence le pays des forêts et des châteaux, des forteresses médiévales, des maisons à colombages et que le Rheingau, l'une des régions viticoles les plus célèbres au monde, attend le visiteur.
Histoire: Les origines de la Hesse remontent au 13e siècle. Mais ce n'est que sous la domination du landgrave Philippe le Hardi (1504–1567) que la Hesse se développe de sorte qu'elle réunit pour la première fois des régions appartenant au Land d'aujourd'hui. À cette époque seulement, la Hesse joue un rôle important au sein de l'Empire en y imposant la réforme. Après la mort de Philippe, le landgraviat est divisé en Etats tels que Hessen-Kassel, Hessen-Marbourg, Hessen-Rheinfels et Hessen-Darmstadt.
Au début du 19e siècle, après l'époque napoléonienne, la Hesse compte trois centres importants, à savoir l'Electorat Hessen-Kassel, le Grand-Duché de Hessen-Darmstadt et le Duché de Nassau. L'Assemblée nationale, qui tient en 1848 ses assises dans l'Eglise St-Paul à Francfort afin de créer une constitution libérale pour l'ensemble de l'Allemagne et un Etat national allemand, n'obtient aucun succès et reste détachée de la Hesse. La constitution de l'Empire allemand, en 1871 sous domination prussienne, influence par contre la répartition des régions de la Hesse. À la suite de la guerre austro-prussienne en 1866, durant laquelle les princes hessois s'étaient engagés en faveur de la monarchie danubienne de grands territoires de la Hesse reviennent à la Prusse victorieuse. Kurhessen, Nassau et Francfort sont réunis en une province prussienne, le Hessen-Nassau, alors que le Grand-Duché de Hessen-Darmstadt perd des terres mais conserve cependant son indépendence. Durant l'époque de la Republique de Weimar, la partie Hessen-Nassau reste aussi une partie de la Prusse alors que Hessen-Darmstadt passe en 1919 à l'Etat populaire de Hesse avec une constitution démocratique parlementaire.
La proclamation du gouvernement militaire américain, faite le 19 septembre 1945, donna naissance à la Hesse. Sa légitimation démocratique repose sur la constitution du 1er décembre 1946.

Thüringen

Fläche: 16 172 Quadratkilometer
Einwohner: 2,2 Millionen
Hauptstadt: Erfurt (211 000 Einwohner)
Größere Städte: Jena (110 000 Einwohner), Gera (95 000), Weimar (64 000), Gotha (45 000)

Geografisches: Das Land Thüringen liegt im Zentrum des wiedervereinigten Deutschland, umgeben von Hessen, Niedersachsen, Sachsen-Anhalt, Sachsen und Bayern. Landschaftlich bestimmend ist der schmale Mittelgebirgskamm des Thüringer Waldes. Westlich davon steigt das Meininger Land bis zur Rhön an, östlich erstreckt sich die Ackerlandschaft des Thüringer Beckens.
Geschichte: Das Land Thüringen hat seine frühen Wurzeln im Königreich gleichen Namens, das von 400 bis 531 zwischen dem Main und dem Harz existierte. Nach den germanischen Toringi wechselten sich dann Franken und Sachsen in der Herrschaft ab; im 8. Jahrhundert begann die Christianisierung.
Im Mittelalter war Thüringen zunächst von den Landgrafen aus dem Geschlecht der Ludowinger geprägt, die 1130 die Herrschaft übernahmen und 1180 die Pfalzgrafschaft Sachsen ihrem Gebiet eingliederten. Ludowingischer Stammsitz war die oberhalb Eisenachs gelegene Wartburg, auf der sich die mittelalterlichen Minnesänger ihren „Sängerkrieg" geliefert haben sollen. Noch zweimal rückte die Wartburg danach ins Licht der Aufmerksamkeit: 1521 übersetzte Martin Luther hier die Bibel ins Deutsche, und 1817 wurde die Festung, als sich die Burschenschaften mit der Forderung nach einem deutschen Nationalstaat zum Wartburgfest versammelten, zum Symbol der Einheit Deutschlands.
Wie die gesamtdeutsche war auch die thüringische Geschichte frühzeitig – nach dem Aussterben der Ludowinger 1247 – von territorialer Zersplitterung bestimmt.
Thüringen fiel nach 1247 an das Haus Wettin, das sich nach der Leipziger Teilung von 1485 noch in eine Albertinische und eine Ernestinische Linie aufspaltete. Daneben gab es die kurmainzischen Gebiete Erfurt und das Eichsfeld, die Fürstentümer Schwarzburg-Rudolstadt und Schwarzburg-Sondershausen, die Fürstentümer Reuß, die gefürstete Grafschaft Henneberg und einige andere kleine Gebiete. Im 19. Jahrhundert bestanden in Thüringen zeitweise 15 verschiedene Kleinstaaten mit über 100 Gebietsenklaven. Erst 1920 wurde aus den verbliebenen Kleinstaaten – vier Ernestinische Sächsische Herzogtümer, die Fürstentümer Schwarzburg-Rudolstadt, Schwarzburg-Sondershausen, Reuß ältere und Reuß jüngere Linie – das Land Thüringen mit Weimar als Hauptstadt gebildet. Es verlor seine Eigenstaatlichkeit mit der nationalsozialistischen Machtübernahme, wurde in den letzten Wochen des Zweiten Weltkriegs von amerikanischen Truppen besetzt, aber noch 1945 gemäß den Beschlüssen von Jalta der sowjetischen Besatzungszone zugeschlagen. Die DDR-Gebietsreform von 1952 teilte das Land in die Bezirke Erfurt, Gera und Suhl. Neue Landeshauptstadt des mit der deutschen Einheit 1990 wiedergegründeten Thüringen wurde Erfurt.

Thuringia

Area: 16,172 square kilometres
Population: 2.2 million
Capital: Erfurt (population 211,000)
Principal cities: Jena (population 110,000), Gera (95,000), Weimar (64,000), Gotha (45,000)

Geography: Thuringia is situated in the centre of reunited Germany and is surrounded by Hesse, Lower Saxony, Saxony-Anhalt, Saxony, and Bavaria. The slim ridge of the Mittelgebirge with the Thuringian Forest characterizes the landscape. To the west, the Meininger Land rises up to the Rhön, and to the east, farmland spreads out in the Thuringian lowlands.
History: The state of Thuringia has its early roots in a kingdom of the same name which existed from 400 to 531 between the Main and the Harz. After the Germanic Toringi, the Franconians and the Saxons were alternately sovereigns of the region; in the 8th century, Christianisation set in.
During the Middle Ages, Thuringia was influenced by the dukes of the Ludovingian dynasty, whose reign commenced in 1130 and who also took over the palatinate duchy of Saxony in 1180. The main residence of the Ludovingians was the Wartburg above Eisenach, where the troubadours of the Middle Ages are said to have carried out their "war of the singers." Twice again the Wartburg was to be in the limelight. In 1521, Martin Luther translated the Bible into German there, and in 1817 the castle was to become the symbol of the unity of Germany due to the students' associations, who here organized the Wartburg festival, calling for a German nation-state.
Like Germany in general, Thuringian history was marked from an early stage – after the Ludovingians died out in 1247 – by territorial division.
After 1247 Thuringia fell to the Wettin dynasty. After the Leipzig Partition in 1485 the Wettins again split into the Albertine and Ernestine lines. There were in addition the Erfurt and Eichsfeld regions of the Electorate of Mainz, the principalities of Schwarzburg-Rudolstadt and Schwarzburg-Sondershausen, the principalities of Reuss, the earldom of Henneberg and several other small regions. In the 19th century, there were sometimes more than 15 different miniature states with over a hundred territorial enclaves in Thuringia.
At last, in 1920, the state of Thuringia was formed out of the remaining mini-states – four Ernestinian Saxon duchies, the principalities Schwarzburg-Rudolstadt, Schwarzburg-Sondershausen, Reuss (Elder Line), and Reuss (Younger Line). Its capital was Weimar. Thuringia lost its independence after the National Socialists seized power, and, in the last weeks of the Second World War, it was occupied by American troops, but as of early 1945 it was ceded to the Soviets, according to the decisions made in Yalta. Regional reform in the GDR in 1952 once again divided the state into the Erfurt, Gera, and Suhl districts. Thuringia, having been re-established as a state after German reunification in 1990, has a new capital, Erfurt.

La Thuringe

Superficie: 16 172 kilomètres carrés
Nombre d'habitants: 2,2 millions
Capitale: Erfurt (211 000 habitants)
Villes principales: Jena (110 000 habitants), Gera (95 000), Weimar (64 000), Gotha (45 000)

Géographie: La Thuringe se situe au centre de l'Allemagne réunifiée, et est entourée par la Hesse, la Basse-Saxe, la Saxe-Anhalt, la Saxe et la Bavière. Son paysage est caractérisé par l'étroite crête montagneuse des forêts de la Thuringe. À l'ouest, la région de Meiningen remonte jusqu'au Rhön, à l'est s'étendent les champs du bassin de la Thuringe.
Histoire: Les racines du Land de la Thuringe viennent du royaume du même nom ayant existé de 400 à 531 entre le Main et le Harz. Les Francs et les Saxons se relaient au pouvoir à la suite de la Toringi germanique. La christianisation du pays commence dès le 8e siècle.
Au Moyen-Age, la Thuringe est d'abord influencée par les Landgraves Ludovingiens qui prennent le pouvoir en 1130 et annexent à leur territoire le Comté palatin de la Saxe en 1180. Les Ludovingiens ont leur siège permanent dans la forteresse de la Wartbourg, édifiée au-dessus de Eisenach, et dans laquelle des minnesingers du Moyen-Age se seraient livrés leurs «Guerres des chanteurs». La forteresse de Wartbourg retient encore deux fois l'attention au cours de l'Histoire: Martin Luther y traduit la Bible en allemand en 1521 et en 1817, lorsque les confréries s'y retrouvent pour exiger, au cours d'une fête, la création d'une Confédération, symbolisant ainsi l'unité allemande.
Comme toute l'histoire allemande, celle de la Thuringe est marquée très tôt – après la disparition des Ludovingiens en 1247 – par le morcellement de ses territoires.
La Thuringe échut après 1247 à la Maison de Wettin qui se scinda elle-même en une ligne «Albertine» et une ligne «Ernestine» après la «Division de Leipzig», en 1485. La Thuringe se constituait également des provinces d'Erfurt et d'Eichsfeld, appartenant à l'électorat de Mayence, des principautés de Schwarzburg-Rudolstadt, de Schwarzburg-Sondershausen et de Reuß, du comté de Henneberg ayant accédé au rang de principauté et de quelques autres petits territoires. Au 19e siècle, la Thuringe comprend une quinzaine de petits Etats et plus de 100 enclaves territoriales.
Ce n'est qu'en 1920 que le reste de ces petits Etats, à savoir quatre duchés ernestins de Saxe, les principautés de Schwarzburg-Rudolstadt, Schwarzburg-Sondershausen, l'ancienne et la nouvelle lignée Reuß sont réunis et forment la Thuringe avec Weimar pour capitale. La prise de pouvoir nationale-socialiste lui fait perdre son indépendence et elle est occupée durant les dernières semaines de la Seconde Guerre Mondiale par les troupes américaines. Cependant, le Traité de Yalta, signé en 1945, en fait une zone d'occupation soviétique. La réforme régionale de la République démocratique d'Allemagne, opérée en 1952, divise ce Land en districts, à savoir Erfurt, Gera et Suhl. Erfurt est la capitale de la Thuringe recréée en 1990.

Sachsen

Fläche: 18 450 Quadratkilometer
Einwohner: 4 Millionen
Hauptstadt: Dresden (547 000 Einwohner)
Größere Städte: Leipzig (571 000 Einwohner), Chemnitz (246 000), Zwickau (91 000), Plauen (65 000)

Geografisches: Sachsen, das mit 225 Einwohnern pro Quadratkilometer dicht besiedelt ist, gilt als das Industriezentrum Mitteldeutschlands. Landschaftlich wird es im Süden vom Erzgebirge, im Südwesten vom Vogtland, im Osten von der Oberlausitz geprägt. Die schönste Region an der Elbe, die das Land von Süden nach Norden durchfließt, ist das Elbsandsteingebirge.
Geschichte: Mit der Person Heinrichs I., der als erster sächsischer Herrscher von 919 bis 936 deutscher König war, trat Sachsen in die Geschichte ein. Heinrich drang aus dem Harz in das von Slawen bewohnte Gebiet des heutigen Sachsen vor und setzte einen Markgrafen in Meißen ein. Deutsche Bauern kamen in das zuvor allein von Slawen bewohnte Land, die Missionierung begann.
1453 erhielt das Herzogtum Sachsen die Kurwürde und wurde zu einer führenden Kraft im Reich. 1485 erfolgte die Teilung des Landes unter den Herrscherbrüdern Ernst und Albrecht. Vom – heute zu Sachsen-Anhalt gehörenden – Wittenberg, der Residenz der Ernestiner, in der Martin Luther predigte, nahm 1517 die Reformation ihren Ausgang. Später wurde auch die Albertinische Region lutherisch.
Nach mehreren Kriegen erreichte Sachsen unter Kurfürst August dem Starken (Regentschaft 1694–1733), der ab 1697 auch König von Polen war, einen Höhepunkt in seiner Entwicklung. Im 18. Jahrhundert galt Sachsen unbestritten als eines der kulturellen Zentren Europas, doch politisch wurde es bald vom aufstrebenden Preußen überflügelt. Im Siebenjährigen Krieg (1756–1763), in den Napoleonischen Kriegen als Verbündeter Frankreichs und im Deutsch-Österreichischen Krieg (1866) als Alliierter Österreichs war Sachsen in der militärischen Auseinandersetzung mit Preußen stets der Verlierer. Zwar wurde das Land 1806 Königreich, es musste aber 1815 fast drei Fünftel seines Gebiets an Preußen abtreten – und erhielt damit ungefähr die heutigen Umrisse.
Im Zuge der in Sachsen besonders intensiven Industrialisierung bildete sich hier früh eine starke Arbeiterbewegung heraus. 1863 wurde der Allgemeine Deutsche Arbeiterverein als Vorläufer der SPD in Leipzig gegründet. Ab 1871 gehörte Sachsen zum Deutschen Reich und entwickelte sich bis 1914 zum am dichtesten bevölkerten Land Europas. Zum Ende des Ersten Weltkriegs wurde der Freistaat Sachsen ausgerufen.
Während der nationalsozialistischen Herrschaft wurde das Land gleichgeschaltet. Der Zweite Weltkrieg traf Dresden besonders schwer: Durch Bombenangriffe der Alliierten starben im Februar 1945 kurz vor Kriegsende rund 35 000 Menschen.
Nach Kriegsende wurde Sachsen, erweitert um das zuvor schlesische Gebiet um Görlitz, Teil der sowjetischen Besatzungszone. Wie alle anderen DDR-Länder wurde es 1952 bei der Gebietsreform in Bezirke aufgeteilt. Im Herbst 1989 waren die sächsischen Großstädte Zentren des gewaltlosen Widerstands gegen die SED-Herrschaft, der die Auflösung des Staates DDR, die Vereinigung Deutschlands und damit die Rekonstruktion des Landes Sachsen entscheidend mitbewirkte.

Saxony

Area: 18,450 square kilometres
Population: 4 million
Capital: Dresden (population 547,000)
Principal cities: Leipzig (population 571,000), Chemnitz (246,000), Zwickau (91,000), Plauen (65,000)

Geography: Densely populated Saxony (225 people per square kilometre) is considered to be the industrial heartland of central Germany. In the south, the landscape is characterized by the Erzgebirge, in the southwest by the Vogtland, in the east by Oberlausitz. The most beautiful region on the banks of the Elbe, which flows through the state from south to north, is the Elbsandsteingebirge.
History: The history of Saxony begins with Heinrich I, who from 919 to 936 was the first Saxon ruler to reign as king of Germany. Heinrich, coming from the Harz, entered the region of today's Saxony, which until then had been settled by Slavs, and there put a margrave in power in Meissen. German peasants soon settled in the region, thus putting an end to the sole settlement by the Slavs, and missionary work soon ensued.
In 1453, the duchy of Saxony attained the title of an Electorate and became a leading power of the Reich. In 1485, the land was divided between the two sovereign brothers Ernst and Albrecht. From Wittenberg, the residence of the Ernestines and now part of Saxony-Anhalt, Martin Luther preached and the Reformation started to spread in 1517. Albertine Saxony later became Lutheran too.
After several wars, Saxony climbed to new heights in its development under the electoral prince Augustus the Strong (regency 1694–1733), who was also king of Poland as of 1697. In the 18th century, Saxony was undoubtedly respected as one of the cultural centres of Europe, but politically it was soon overshadowed by up-and-coming Prussia. In the Seven Years' War (1756–1763), in the Napoleonic wars as a French ally, and in the Austro-Prussian War (1866) as an Austrian ally, Saxony was always the loser in military conflicts with Prussia. Even though the state was declared a kingdom in 1806, it had to relinquish almost three-fifths of its territory to Prussia in 1815 – and thus it roughly attained the borders of today.
Due to especially intensive industrialisation in Saxony, a strong workers' movement developed at an early time. In 1863, the General German Workers' Union was founded in Leipzig, which was a precursor of the Social Democratic Party. From 1871 Saxony was a part of the German Reich and developed by 1914 into the most densely populated area in Europe.
At the end of the First World War, Saxony was proclaimed a republic.
During the National Socialist era, the state was brought into line. Dresden suffered most severely in the Second World War. A short time before the end of the war, in February 1945, about 35,000 people died in Allied air raids.
After the war, Saxony, by now enlarged by the Silesian region around Görlitz, became a part of the Soviet occupied zone. Like all other states of the GDR, it was divided into regions in 1952. In autumn 1989, the larger Saxon cities were centres of non-violent resistance to the rule of the SED, thus helping to bring about the end of the GDR and to reunite Germany, and making it possible to re-establish the state of Saxony.

La Saxe

Superficie: 18 450 kilomètres carrés
Nombre d'habitants: 4 millions
Capitale: Dresde (547 000 habitants)
Villes principales: Leipzig (571 000 habitants), Chemnitz (246 000), Zwickau (91 000), Plauen (65 000)

Géographie: Avec un chiffre de 225 habitants au kilomètre carré, la Saxe est le Land ayant la densité de population la plus élevée parmi les nouveaux Länder et est considérée comme le centre industriel de l'Allemagne moyenne. Son paysage est limité au sud par le Erzgebirge, au sud-ouest par le Vogtland et à l'est par la Oberlausitz. La plus belle région bordant l'Elbe, qui traverse le pays du sud au nord est formée par les rochers de grès dits Elbsandsteingebirge.
Histoire: La Saxe entre dans l'Histoire en la personne d'Henri Ier, premier souverain de Saxe devenu roi allemand et qui règna de 919 à 936. Venant de la région du Harz, Henri pénètre dans le pays occupé par les Slaves, la Saxe d'aujourd'hui, et établit un margraviat à Meissen. Des paysans allemands s'installent dans la région où ne vivaient jusqu'alors que des Slaves paiens et la christianisation commence. Le Duché de Saxe est promu en 1453 au rang d'Electorat et devient alors une des forces motrices de l'Empire. En 1485, le pays est partagé entre les frères de cette dynastie, Ernst et Albrecht. C'est de Wittenberg, – qui fait aujourd'hui partie de la Saxe-Anhalt – résidence des «Ernestins» où prêche Martin Luther, que la Réforme prend son départ en 1517.
La Saxe atteint son apogée après de nombreuses guerres et sous l'Electorat d'Auguste le Fort (régence entre 1694 et 1733), également roi de Pologne dès 1697. Au 18e siècle, la Saxe est considérée comme l'un des centres culturels de l'Europe. Au plan politique, elle est cependant rapidement surpassée par la Prusse entreprenante. Dans tous les conflits militaires qui l'opposent à la Prusse, la Saxe est toujours perdante, à savoir durant la Guerre de Sept Ans (1756–1763), en tant qu'alliée de la France, durant l'ère napoléonienne et pendant la guerre entre l'Allemagne et l'Autriche (1866) où elle soutient les Autrichiens. La région devient un royaume en 1806, mais se voit cependant obligée de céder presque trois cinquièmes de ses territoires à la Prusse en 1815, obtenant ainsi presque sa configuration actuelle.
À la suite de l'industrialisation particulièrement intense de la Saxe, celle-ci voit naître bientôt déjà un mouvement ouvrier tres fort. L'Association générale des ouvriers allemands, mouvement précurseur du Parti social-démocrate allemand, est fondée en 1863 à Leipzig. Dès 1871, la Saxe se rallie à l'Empire allemand et devient jusqu'en 1914 la région la plus peuplée d'Europe. Après la Première Guerre mondiale, la Saxe fut proclamée Etat libre. La Seconde Guerre mondiale ravage terriblement Dresde. En février 1945, juste avant la fin de la guerre, les bombardements des alliés causent la mort d'environ 35 000 personnes. Après la fin de la guerre, la Saxe se voit agrandie par l'annexion de la région autrefois silésienne entourant Görlitz, soit une partie de la zone d'occupation soviétique. Comme tous les Länder de la République démocratique d'Allemagne, la région est divisée dès 1952 en districts. Durant l'automne 1989, les centres des grandes villes de la Saxe servent de scènes aux manifestations de résistance non violente contre le joug de la SED, réclamant la dissolution de la République démocratique, la réunification de l'Allemagne et la reconstitution du Land de Saxe.

Baden-Württemberg

Fläche: 35 751 Quadratkilometer
Einwohner: 11 Millionen
Hauptstadt: Stuttgart (628 000 Einwohner)
Größere Städte: Karlsruhe (310 000 Einwohner), Mannheim (305 000), Freiburg im Breisgau (228 000), Heidelberg (160 000)

Geografisches: Baden-Württemberg ist Frankreich und der Schweiz benachbart, wobei größtenteils der Rhein die Grenze bildet. An die Oberrheinische Tiefebene schließt sich der Schwarzwald an, ein beliebtes Mittelgebirgs-Erholungsgebiet. Im Süden reicht das Land bis zum Bodensee, auch „Schwäbisches Meer" genannt. Die Hauptstadt Stuttgart liegt inmitten des Neckarbeckens.
Geschichte: Wie der Stauferlöwe im Wappen belegt, versteht sich Baden-Württemberg als Nachfolger des einstigen Herzogtums Schwaben, das unter dem Kaisergeschlecht der Staufer im Mittelalter eine territoriale Einheit war. In der Folgezeit kam es in diesem Gebiet zu einer Zersplitterung in über 600 Herrschaftsgebilde, von denen zu Beginn der Neuzeit allein die Kurpfalz, die österreichischen Vorlande, die hohenlohischen Fürstentümer, das Fürstbistum Würzburg, die Hohenzollern-Lande, das Herzogtum Württemberg und die badischen Markgrafschaften größere Bedeutung hatten. Mit der Flurbereinigung 1803 bis 1806 verloren alle diese Territorien mit Ausnahme Badens, Württembergs und Hohenzollerns ihre Eigenständigkeit. Die beiden Mittelstaaten, das Königreich Württemberg und das Großherzogtum Baden, standen im 19. Jahrhundert vor der schwierigen Aufgabe, die von unterschiedlichen Traditionen, Konfessionen und ökonomischen Voraussetzungen geprägten Regionen zu einheitlichen Gebilden mit einer modernen, rechtsstaatlichen Verfassung zusammenzufügen. Mit dem Ende der deutschen Monarchie 1918 wurden beide zu Republiken, die nach einer kurzen Zeit der demokratischen Entwicklung 1933 im diktatorischen nationalsozialistischen Einheitsstaat aufgingen.
Das heutige Baden-Württemberg ist das einzige Land, das seine Existenz einer Volksabstimmung verdankt. Die Besatzungsmächte Frankreich und USA hatten 1945 nach Kriegsende in der Region zunächst drei Länder gebildet: Württemberg-Hohenzollern, Württemberg-Baden und (Süd-)Baden. Während sich die Landesregierungen der beiden erstgenannten Länder für die Vereinigung aussprachen, stemmte sich die (süd-)badische Regierung in Freiburg zunächst dagegen, akzeptierte aber dann das Ergebnis der Volksabstimmung vom Dezember 1951, in der die Gesamtbevölkerung der drei Länder mit großer Mehrheit für einen einheitlichen Südweststaat – eben Baden-Württemberg – votierte; in (Süd-)Baden allerdings sprach sich die Mehrheit damals für die Beibehaltung der alten Länder aus.
Erst 1970 wurden die Südbadener in einer Volksabstimmung erneut wegen dieser Frage an die Urnen gebeten. Sie entschieden sich mit 81,9 Prozent für den Fortbestand Baden-Württembergs, das zu diesem Zeitpunkt schon auf eine knapp zwanzigjährige Geschichte zurückblicken konnte.

Baden-Württemberg

Area: 35,751 square kilometres
Population: 11 million
Capital: Stuttgart (population 628,000)
Principal cities: Karlsruhe (population 310,000), Mannheim (305,000), Freiburg/Breisgau (228,000), Heidelberg (160,000)

Geography: Baden-Württemberg borders on France and Switzerland, with the Rhine as the greatest part of the border. The lowlands of the upper Rhine region are adjacent to the Black Forest, which is a popular excursion area. Down in the south this state reaches as far as Lake Constance, which is also called the "Swabian Sea." The capital Stuttgart is situated in the middle of the Neckar basin.
History: The Hohenstaufen Lion in the coat-of-arms of Baden-Württemberg is proof of the fact that this state sees itself as a successor to the bygone duchy of Swabia, which, in the Middle Ages, was a territorial unit at the time of the Staufen emperors. In the following period this region split into over 600 territories, including the Kurpfalz, an Austrian region, the principalities of Hohenlohe, the grand duchy of Würzburg, the Hohenzollern region, the duchy of Württemberg, and the Baden duchies, to mention those of any importance. Due to the consolidation of 1803–1806 all territories with the exception of Baden, Württemberg, and Hohenzollern lost their sovereignty. The two medium-sized states, the kingdom of Württemberg and the grand duchy of Baden, were confronted with the complicated task of merging regions of different traditions, denominations and economic status into units with a modern constitution in the 19th century. With the fall of the German monarchy in 1918 both became republics, which, after a short period of democratic development, were merged with the unitary National Socialist dictatorship in 1933.
Today's Baden-Württemberg is the only state of Germany that owes its existence to a popular vote. In 1945, after the end of the war, the allies France and the USA at first made three states of the region: Württemberg-Hohenzollern, Württemberg-Baden, and (South) Baden. While the governments of the first two mentioned above had no objections to a merger, the (South) Baden government in Freiburg put up resistance, but, in December 1951, accepted the results of the popular vote, in which the total populace of the three states voted for a united south-western state by a great majority – thus Baden-Württemberg came into being; yet, at that time, the majority of (South) Baden would have preferred to retain the old three states' borders.
Then, in 1970, the people of South Baden were once again asked to vote upon the matter. This time 81.9 per cent decided for the continuing existence of Baden-Württemberg, which, by then, could look back upon almost two decades of history as a unit.

Le Bade-Wurtemberg

Superficie: 35 751 kilomètres carrés
Nombre d'habitants: 11 millions
Capitale: Stuttgart (628 000 habitants)
Villes principales: Karlsruhe (310 000 habitants), Mannheim (305 000), Fribourg-en-Brisgau (228 000), Heidelberg (160 000)

Géographie: Le Bade-Wurtemberg se trouve aux frontières de la France et de la Suisse marquées en grande partie par le Rhin. À l'est de la plaine du Haut-Rhin se situe la Forêt-Noire dont les montagnes offrent des lieux de villégiature prisés. Au sud, le Land s'étend jusqu'au Lac de Constance (dit Mer Souabe). La capitale, Stuttgart, est sise dans le bassin du Neckar.
Histoire: Ainsi que le prouve le lion des Staufen sur son écusson, le Bade-Wurtemberg se considère comme étant le successeur de l'ancien duché de Souabe. Celui-ci formait au Moyen-Age une unité territoriale sous les empereurs de la lignée des Staufen. Par la suite, le territoire est morcelé en six cents petits Etats environ. Au début, seuls le Palatinat électoral, l'avant-pays autrichien, les principautés de Hohenlohe, l'archevêché de Wurzbourg, les domaines des Hohenzollern, le Duché de Wurtemberg, et les comtés de Bade conservent une certaine importance. Le remembrement qui a lieu entre 1803 et 1806 veut que tous ces Etats perdent leur autonomie, exception faite de la Bade, du Wurtemberg et du Hohenzollern. Au 19e siècle, les deux Etats de l'Allemagne moyenne, c'est-à-dire le Royaume de Wurtemberg et le Grand Duché de Bade se voient obligés de réunir toutes ces régions marquées par des traditions, des confessions et conditions économiques différentes. Le but de cette tâche est de leur donner une constitution moderne. En 1918, avec la fin de la monarchie allemande, le Royaume de Wurtemberg et le Grand Duché de Bade deviennent des républiques qui, après une courte période de démocratie, s'intègrent au régime national-socaliste en 1933.
Le Bade-Wurtemberg est aujourd'hui le seul Land devant son existence à un plébiscite. En 1945, la France et les Etats-Unis en font trois Länder: le Wurtemberg-Hohenzollern, le Wurtemberg-Bade et le Bade-Sud. Alors que les gouvernements des deux premiers votent pour une union, le Bade-Sud et son gouvernement à Fribourg la refuse tout d'abord. Elle accepte pourtant la décision du plébiscite de décembre 1951 par lequel la grande majorité de la population des trois Länder votent pour un seul Etat au sud-ouest de l'Allemagne: le Bade-Wurtemberg. La majorité du Bade-Sud manifeste cependant son désir de garder son indépendance.
Ce n'est qu'en 1970 que l'on demande à nouveau aux habitants de Bade-Sud de donner leur avis. Cette fois-ci, un pourcentage de 81,9 vote en faveur du Land de Bade-Wurtemberg qui, à cette époque, existe déjà depuis vingt ans.